ANNE HEINTZE

AUCH KLEINE STICHE MACHEN **SEELEN WUNDEN**

Mikroverletzungen heilen, neue Lebensfreude gewinnen

Inhalt

Im Text wurde nicht durchgängig die weibliche und die männliche Sprachform verwendet, sondern vorwiegend das generische Maskulinum. Dies ist allein der besseren Lesbarkeit geschuldet und keinesfalls als mangelnde Wertschätzung der Leserinnen zu verstehen.

Ein Wort zuvor

»Seelenleiden, in die wir durch Unglück oder eigne Fehler geraten, sie zu heilen vermag der Verstand nichts, die Vernunft wenig, die Zeit viel, entschlossene Tätigkeit hingegen alles.«

JOHANN WOLFGANG VON GOETHE

Wenn wir uns verletzen, kümmern wir uns gut um die Wunde, damit sie heilt. Während des Heilungsprozesses schonen wir unseren Körper in der verletzten Region. Aber was ist mit unseren inneren, den seelischen Verletzungen?

Wir können lernen, unsere Seelenwunden genauso gut zu versorgen wie unsere körperlichen Wunden. Wenn wir verstehen, dass wir auch einen emotionalen Körper haben, der Beachtung und Fürsorge braucht, wird es uns leichter gelingen, mehr Widerstandskraft gegenüber seelischen Verletzungen zu entwickeln, und wir können dauerhaft mehr Lebensfreude gewinnen.

Seelische Mikroverletzungen führen besonders oft bei sehr feinfühligen und hochsensiblen Menschen zu stechenden Schmerzen. Diese zartbesaiteten Menschen neigen dazu, einen seelischen Schmerz noch zu verstärken durch Selbstkritik und Selbstzweifel. Damit wühlen sie wie mit einem Messer noch in der Wunde herum. Das muss nicht sein. Es gibt für hochsensible wie für normalempfindliche Menschen wirksame Strategien für ein Erste-Hilfe-Programm bei Seelenwunden. Diese stelle ich dir in diesem Buch vor.

Was dir immer guttun wird: Schenke dir selbst seelische Wärme! So wie Wärme deinem physischen Körper ein Wohlgefühl verleiht, werden Selbstfürsorge und Geborgenheit heilsam für deine Seele wirken. Sei es dir wert, dich um deine Seele genauso liebevoll zu kümmern wie um deinen Körper. Sie wird es dir danken.

Du bekommst von mir jedoch nicht nur Heilungsmöglichkeiten für deine seelischen Verletzungen aufgezeigt. Ich stelle dir auch zahlreiche wirksame Strategien zur Prävention von Seelenwunden vor, sodass du deine seelische Widerstandskraft nachhaltig stärken kannst. Du wirst lernen, dass du dich gut schützen kannst und nicht hilflos ausgeliefert bist. Je mehr Aufmerksamkeit und Beachtung du deinem emotionalen Körper schenkst, umso leichter wird es dir zukünftig gelingen, alte Seelenwunden zu heilen und neue Verletzungen zu vermeiden.

Das Zitat von Goethe beschreibt einen meiner Lebensgrundsätze: Ich handle und werde tätig, wenn etwas schmerzt. Das möchte ich auch dir mit diesem Buch vermitteln. Lass uns also gemeinsam entschlossen den Weg der Seelenheilung gehen. Wir können Mikroverletzungen, kleine Seelenwunden, überwinden. Das habe ich am eigenen Leib und an meiner Seele erfahren.

Viele weise Menschen haben ihre Erkenntnisse in prägnante Worte gefasst und ich erinnere dich mit den Zitaten zu Beginn der Kapitel daran: Wir dürfen uns von dem Wissen der Meister, Weisen, Philosophen und Gelehrten inspirieren lassen, um die Dinge im Kern zu verstehen. Um mehr Lebensfreude zu erfahren. Denn auch wenn es nicht leicht ist: Es ist möglich zu heilen. Wie wir mit seelischen Verletzungen umgehen, wie wir sie in unserer Biografie einordnen und was wir aus ihnen machen, das haben wir letztlich selbst in der Hand.

In meinem Leben gab es zahlreiche emotionale Verletzungen. Vielleicht hast auch du schwierige Erfahrungen gemacht. Jede Seele wird durch kleine Stiche verwundet, so wie jeder Körper im Laufe des Lebens Verletzungen erfährt, denn niemand kommt ganz heil durchs Leben. Körper und Seele bekommen

Narben: empfindliche Stellen, die sehr sensibel sind, sich bei leichter Berührung irritiert anfühlen und bei Druck richtig wehtun. Kein Mensch ist davor gefeit.

Doch diese Erfahrungen gehören zu einem wirklich lebendigen Leben dazu. Aber niemand muss diese seelischen Kränkungen weiter ertragen, ohne Abwehrmaßnahmen zu ergreifen. Jeder Mensch darf sich abgrenzen und Selbstachtsamkeit walten lassen. Jeder kann etwas dafür tun, dass diese Stiche in die Seele seltener ihr Ziel erreichen und vor allem auch, dass sie im Alltag nicht mehr wirksam sind und nach und nach heilen.

Manchmal sind Seelenwunden so intensiv, dass richtige seelische Traumatisierungen entstehen und das Urvertrauen zutiefst verletzt ist. Diese tiefen Traumata habe ich in meinem Buch »Urvertrauen« ausführlich beschrieben. Hier fokussiere ich mich jedoch auf die kleinen, fiesen Stiche in den Kern deines Selbstvertrauens, die dir deine Lebensfreude zu entziehen versuchen.

Wie schön wäre die Welt, wenn jeder Mensch lernen würde, sich selbst ebenso zu respektieren, zu schützen und für sich zu sorgen, wie er es für seine Liebsten tut.

Eine Zeit lang habe ich überlegt, ob ich dir einige persönliche Beispiele meiner Seelenwunden schildern soll, damit du siehst, dass ich hier keinen theoretischen Ratgeber schreibe. Dann habe ich mich aber dagegen entschieden. Wozu auch? Ich würde mich dann wieder einem Teil meiner schmerzhaften Vergangenheit zuwenden. Viel mehr werden dir meine Worte über meine Heilungswege nützen, also habe ich mich darauf konzentriert. Für dich.

Jetzt, sofort und heute kannst du damit beginnen, Respekt, Sicherheit und Selbstfürsorge in deine eigene Welt zu bringen. Fang gleich damit an.

Die perforierte Seele

Alles, was kränkt, macht dauerhaft krank und erzeugt Krisen. Jede Kränkung hat eine destruktive Kraft und schwächt das Selbstwertgefühl. Und das Fiese ist: Diese Mikroverletzungen lauern überall. Es kann eine gemeine Bemerkung sein oder ein herablassender Blick. Es kann auch sein, dass du übergangen und lieblos behandelt wurdest oder dass dein Selbstvertrauen auf andere Art verletzt wurde. Solche Mikroverletzungen wirken wie Stiche. Nein, eine verletzte Seele blutet nicht, sie leidet unsichtbar.

Wie seelische Wunden entstehen

»Schreibe Kränkungen in den Staub,
Wohltaten in Marmor.«
BENJAMIN FRANKLIN

Das Leben ist für uns Menschen nicht immer leicht und wir müssen so manche seelische Verletzung verkraften. Es sind Seelenwunden aufgrund der Gedankenlosigkeit und des Egoismus anderer oder Verletzungen durch Menschen, die uns wirklich böse wollen.

Wie sehr auch kleine Verletzungen über die Jahre unserer Seele schaden können, ist von außen nicht sichtbar. Doch jede einzelne psychische Verletzung hinterlässt Wunden in unserer Seele. Auch kleinste Verletzungen – ich nenne sie Mikroverletzungen – schmerzen wie feine Stachel und wirken wie eine schleichende Perforierung. Die Seele wird dadurch irgendwie immer löchriger, instabiler und weniger belastbar. Die vielen kleinen Stiche wirken auf Dauer wie eine schleichende Vergiftung. Wenn man immer wieder eine geringe Menge toxischer Substanzen zu sich nimmt, kann man auf Dauer ebenso krank werden wie durch eine einmalige massive Vergiftung.

Es gibt Menschen, die uns das Leben schwer machen. Das kann in ungesunden Beziehungen und Partnerschaften geschehen, in denen von Liebe keine Spur mehr ist. Oder durch die Tätigkeit in einem Unternehmen, in dem das Betriebsklima schlecht ist und zu einem destruktiven Arbeitsumfeld führt.

Es gibt aber auch eine andere Art von Seelenwunden: Scham, Neid und andere Gefühle, die aufgrund von früheren seelischen Mikroverletzungen langsam in uns heranwachsen. Hier können zwischen den ursprünglichen Verletzungen und der Entstehung von Selbstvergiftung oft Jahre oder Jahrzehnte vergehen.

Vom Rückzug zur Heilung

Das kennst du sicher: Du hörst eine kleine Bemerkung, die dich sticht. Dir sagt ein Mensch nebenbei etwas, was dir in die Magengrube fährt. Oder es fällt ein Satz, über den du lange nachdenken musst, weil du einfach nicht verstehst, wie jemand so etwas zu dir sagen kann. Vielleicht hast du aber auch erlebt, dass dir jemand seine Unterstützung entzogen hat, für den du immer da warst. Möglicherweise hast du rein zufällig erfahren, dass jemand aus deiner Familie oder ein Kollege hinter deinem Rücken Unwahrheiten über dich verbreitet. All das kann verletzend wirken, auch wenn es keine tiefen traumatischen Erfahrungen sind.

Du musst das nicht hinnehmen – du kannst dich wehren. Und du kannst auch alte Verletzungen, die zu seelischen Narben geführt haben, wirksam heilen, sodass sie nicht länger deine Lebensfreude schmälern.

Was machen all diese Stiche in der Summe mit uns? Die seelische Belastbarkeit wird von Mal zu Mal geringer und lässt mit der Zeit eine immer schmerzhaftere Empfindlichkeit entstehen. Das schadet der Lebensfreude und vermindert die Energie, die wir zur Bewältigung des Alltags brauchen. Weil die Verletzungen tief im Innern wirksam sind, kommen wir nicht so leicht an sie dran – das ist jedoch entscheidend für die Heilung.

Abwärtsspirale: Kränkung und Rückzug

Seelische Verletzungen führen zu innerem Rückzug. In kleinen Schritten, die im Laufe der Zeit immer größer werden. Unterbewusst sind sie wirksam und tauchen von Zeit zu Zeit aus der

Versenkung auf: als Gefühle von Depression, Aggression oder Sinnlosigkeit. Was bei vielen Menschen dazu führt, dass sie den Kontakt zur Umwelt weiter reduzieren.

Aufwärtsspirale: Heilung und Bewusstsein

Doch es gibt Wege der Heilung: Die seelischen Verletzungen und ihre Speicherorte im Unterbewusstsein werden aufgespürt, gereinigt und geheilt. Die auftauchenden Erinnerungen und Verkrampfungen werden in einen größeren Zusammenhang eingeordnet, die bisher nicht ausgesprochenen Gefühle benannt. Auf einmal entstehen Einsichten, die neue Möglichkeiten eröffnen. Der Kontakt zu sich selbst verbessert sich und es gelingt leichter, mit anderen Menschen umzugehen.

Wir wollen uns in diesem Buch sowohl der Vorsorge und Abwehr als auch der ganzheitlichen Heilung auf allen Ebenen des menschlichen Seins zuwenden.

Warum ziehen wir uns zurück?

Wir alle sind im Leben manchmal Täter, manchmal Opfer, manchmal Zuschauer und manchmal Richter. Das lässt uns gedanklich und gefühlsmäßig verwirrt zurück. Im schlimmsten Fall entsteht dann eine Verletzung, die zu einer emotionalen Sackgasse oder zu destruktiven Emotionen – zu einer Seelenwunde – führen kann. Ja, auch ein Täter verletzt sich immer selbst, denn wir leben in Resonanz mit unserer Umwelt. Diese Seelenwunde kann kurz und heftig oder lang anhaltend und quälend sein. Oft verliert man das Vertrauen in die Menschen allgemein, in Beziehungen oder zu sich selbst. Der Entschluss, sich aus Selbstschutz immer mehr zurückzuziehen, ruft aber noch mehr Schmerz und Einsamkeit hervor, scheint allerdings sogar logisch zu sein, denn dann sind weitere schmerzhafte Stiche weniger wahrscheinlich.

Dennoch: Auch der Rückzug ist keine Lösung oder Heilung. Wäre es nicht besser, die Mikroverletzungen zu heilen und sich wieder mit neuem Mut und Zuversicht dem Leben und den Mitmenschen zuzuwenden?

Kennst du diese Mikroverletzungen?

Die kleinen seelischen Stiche haben viele Gesichter. Wenn du dir diese Liste durchliest, wirst du vielleicht bemerken, dass zahlreiche davon auf den ersten Blick überhaupt nicht den Eindruck von Verletzungen erwecken. Bei genauer Betrachtung und vor allem im Zusammenwirken mit anderen seelischen Stichen jedoch schon.

- Verbale Kränkungen und herabsetzende Bemerkungen
- Sexistische oder diskriminierende Witze
- Faule Komplimente bis zu Beschimpfungen und Beleidigungen
- Respektloser Umgang
- Drohung von Liebesentzug und Liebesverlust
- Ausgelacht werden
- Übergangen werden
- Ungesunde Beziehungen und destruktive Partnerschaften
- In dir entstehende Seelenschmerzen
- Selbstzweifel und verinnerlichte negative Zuschreibungen und Glaubenssätze
- Nicht gelebte Wesenszüge und innere Anliegen, verpasste Chancen und unerfüllte Lebensträume
- Ohnmachtsgefühle und Ich-Schwäche
- Fehlender Mut
- Harmoniesucht
- Abgrenzungsprobleme

- ◇ Falsche Rücksichtnahme
- ◇ Vorschussstress (obwohl noch nichts geschehen ist, befürchtest du Schlimmes)
- ◇ Selbstbestrafung

So können sich seelische Verletzungen äußern

- ◇ Selbstkritik und Selbstzweifel
- ◇ Traurigkeit und Melancholie
- ◇ Erstarrung und Körperpanzer, Gefühllosigkeit
- ◇ Vermeiden von engen Beziehungen
- ◇ Sucht nach Menschen, Ablenkung, Essen, Trinken, Spielen, Glück, Sex und so weiter
- ◇ Flucht in Arbeit, Spiritualität und so weiter
- ◇ Unangemessene Hemmungen

Wann ist professionelle Hilfe erforderlich?

Es gibt Erfahrungen, die ein Leben enorm prägen. Das Erlebnis ist so schlimm, dass der Mensch in einen seelischen Zustand abgleitet, der in einer ernsthaften Erkrankung enden kann. Falls dein Leidensdruck über einen längeren Zeitraum anhält, dich im Alltag belastet, du dich nur noch unwohl fühlst und die in diesem Buch genannten Schritte nicht weiterhelfen, nimm bitte professionelle Unterstützung in Anspruch. Du musst nicht alles allein schaffen!

Was ist überhaupt die Seele?

Wenn wir von seelischen Verletzungen oder Vergiftungen sprechen, müssen wir uns auch mit der Frage beschäftigen, was denn die Seele eigentlich ist. Darauf gibt es verschiedene Antworten, von denen ich dir hier einige vorstelle und sage, wie meine Auffassung ist, damit wir uns verstehen.

Denken, fühlen, empfinden

Gemäß Duden bezeichnet das Wort Seele alles, was ein Mensch denkt, fühlt und empfindet. Das entspricht der Bedeutung des Wortes Psyche, des griechischen Worts für Seele. Wenn wir dieses Verständnis um die körperlichen Prozesse erweitern und die Emotionen miteinbeziehen, liegt es nahe, den Begriff Seele mit dem Ich gleichzusetzen. Denn alles, was der Mensch erlebt, geschieht innerhalb des geschlossenen Systems jedes Einzelnen, sprich innerhalb seines Ichs.

Dein unverletzbarer innerer Kern

Nach verschiedenen religiösen, spirituellen und philosophischen Konzepten versteht man unter Seele einen nichtkörperlichen Teil des Menschen, der vom physischen Tod unabhängig ist und weiterexistiert, also unsterblich ist. In diesem Kontext wird Seele als immaterieller Kern eines Wesens und Träger eines zeitlosen Selbst verstanden, bei dem der Tod lediglich das Ende des körperlichen Daseins bezeichnet und die Seele unabhängig davon weiterbesteht. Hier ist die Seele immer vollkommen, sie kann von nichts berührt und somit weder vergiftet noch verletzt werden.

Wenn ich in diesem Buch von Seele spreche, beziehe ich mich immer auf dieses verletzbare Element eines Menschen, das Ich mit all seinen Prägungen, Erfahrungen, Vorlieben und Sehnsüchten.

Das Ich hat nichts mit deiner wahren Natur, deinem Selbst zu tun. Jedoch bestimmt das Ich deine Wirklichkeit und somit führen Verletzungen dazu, dass deine Lebensqualität beeinträchtigt ist, je nach Intensität oder Dauer der Verletzung.

Test: Wie stark leidest du unter Mikroverletzungen?

Dieser Test hilft dir dabei, herauszufinden, ob und wie weit deine Seele verletzt ist. So kannst du einerseits lernen, Abwehrstrategien zu entwickeln, und andererseits Maßnahmen ergreifen, damit alte kleine, aber stechende Schmerzen mit der Zeit heilen. Notiere jeweils, wie sehr die folgenden Aussagen im Alltag auf dich zutreffen. Die Zahlen bedeuten:

0 trifft nicht oder fast nicht zu

1 trifft teilweise oder selten zu

2 ist oft zutreffend

3 ist besonders ausgeprägt

4 trifft außerordentlich stark zu

Sei in deiner Einschätzung möglichst spontan, vertraue deiner Intuition, denke nicht lange über die Aussagen nach. Kreuze pro Frage nur eine Zahl an und lass keine Aussage aus. Am Ende werden die Punkte zusammengezählt.

◇ Ich kann mit Kränkungen gut umgehen. [0] [1] [2] [3] [4]

◇ Selten quälen mich Schlafprobleme, etwa weil mich eine Ungerechtigkeit intensiv beschäftigt. [0] [1] [2] [3] [4]

◇ Ich erkenne, wenn ich mir gerade selbst im Weg stehe, und kann das ändern. [0] [1] [2] [3] [4]

◇ Es gelingt mir leicht zu vergeben, weil ich nicht nachtragend bin. [0] [1] [2] [3] [4]

- ◇ Ich kann mich anderen Menschen gegenüber mühelos öffnen. [0] [1] [2] [3] [4]
- ◇ Meine alten seelischen Verletzungen habe ich gut verarbeitet. [0] [1] [2] [3] [4]
- ◇ Ich kann mich gut und gesund abgrenzen und Nein sagen. [0] [1] [2] [3] [4]
- ◇ Ich kann mich distanzieren von Menschen und Situationen, die mir nicht guttun. [0] [1] [2] [3] [4]
- ◇ Ich bin in der Lage, auf Ungerechtigkeiten angemessen zu reagieren. [0] [1] [2] [3] [4]
- ◇ Ich kann mich zurückziehen und mir eine innere Auszeit nehmen, wenn ich das Bedürfnis habe. [0] [1] [2] [3] [4]
- ◇ Es gelingt mir gut, meinen eigenen Standpunkt zu vertreten. [0] [1] [2] [3] [4]
- ◇ Ich halte mich für kritikfähig und verstehe es, Krisengespräche zu führen. [0] [1] [2] [3] [4]
- ◇ Ich erkenne faule Komplimente und lasse mich nicht durch sie manipulieren. [0] [1] [2] [3] [4]
- ◇ Ich bin nicht leicht erpressbar durch Anerkennung und Zuwendung. [0] [1] [2] [3] [4]
- ◇ Auf diskriminierende Bemerkungen kann ich schlagfertig reagieren. [0] [1] [2] [3] [4]
- ◇ Respektloses Verhalten anderer hat wenig Einfluss auf mein inneres Gleichgewicht. [0] [1] [2] [3] [4]
- ◇ Wenn ich mal übergangen werde, kann ich das gut wegstecken. [0] [1] [2] [3] [4]

◇ Ich neige nicht dazu, ungesunde Beziehungen einzugehen. [0] [1] [2] [3] [4]

◇ In Partnerschaften gebe ich mich nicht auf und passe mich nicht dem anderen an. [0] [1] [2] [3] [4]

◇ Wenn ich beschimpft oder beleidigt werde, kann ich mich gut wehren. [0] [1] [2] [3] [4]

◇ Ich leide nicht unter ungesundem Selbstzweifel. [0] [1] [2] [3] [4]

◇ Mein Selbstvertrauen ist so ausgeprägt, dass ich gut für mich sorgen kann. [0] [1] [2] [3] [4]

◇ Ich kann meine Persönlichkeit und meine inneren Werte uneingeschränkt leben. [0] [1] [2] [3] [4]

◇ Ich kann Entscheidungen gut treffen und halte mich für mutig. [0] [1] [2] [3] [4]

◇ Ich grüble nicht über verpasste Chancen und unerfüllte Lebensträume. [0] [1] [2] [3] [4]

◇ Ich neige nicht dazu, mich selbst herabzusetzen. [0] [1] [2] [3] [4]

◇ Ich mache mir keine Sorgen und produziere keinen Stress über »ungelegte Eier«. [0] [1] [2] [3] [4]

◇ Es gelingt mir gut, mich von alten Glaubenssätzen zu lösen. [0] [1] [2] [3] [4]

◇ Ich gönne mir Auszeiten, um meine Bedürfnisse zu klären. [0] [1] [2] [3] [4]

◇ Ich kenne meine Fähigkeiten und setze sie gut für mich ein. [0] [1] [2] [3] [4]

Schon wenn du diese Fragen ehrlich für dich beantwortest, wirst du merken, ob du möglicherweise noch durch seelische Verletzungen belastet bist oder ob du mit gesundem Selbstvertrauen gut aufgearbeitet hast, was dich verletzt hat. Aber die Testauswertung geht noch etwas tiefer.

Testauswertung

Zähle die Punkte zusammen, die du im Test für die einzelnen Aussagen vergeben hast.

Weniger als 30 Punkte: Dein Vertrauen in dich selbst und in deine Mitmenschen ist sehr belastet. Du bist innerlich noch tief gekränkt und sehnst dich nach Anerkennung und Fürsorge. Versuche zu vergeben und das Ruder deines Lebens herumzureißen. Steuere gegen die destruktiven Auswirkungen deiner alten Verletzungen und lass nicht zu, dass sie dein Leben weiter vergiften. Nimm dir mehrmals am Tag ein paar Minuten Zeit und lausche deiner inneren Stimme, die genau weiß, was gut und richtig für dich ist. Frage dich, was du brauchst und was du tun kannst, um innerlich zu heilen. Mithilfe der Anregungen in diesem Buch kannst du viele Entdeckungen machen, die dir helfen, dein verlorenes Selbstvertrauen zu reanimieren. So kannst du gestärkt und souverän den fiesen kleinen Stichen des Alltags begegnen.

31 bis 60 Punkte: Das Ergebnis zeigt, dass in dir noch Reste von Selbstvertrauen vorhanden sind, allerdings gibt es einige empfindliche Narben von alten Seelenwunden, sodass diese dir immer wieder in Erinnerung kommen. Widme dich der Heilung dieser Narben, damit sie ihre Schmerzhaftigkeit verlieren. Lass nicht zu, dass andere Menschen oder alte Erinnerungen oder Kränkungen noch heute einen Einfluss auf dein Leben haben, der dir schadet. Mach dich unabhängig und befreie dich von diesen Altlasten, die dir deine Lebensfreude nehmen und deine Leichtigkeit erschweren. Frage dich: Was kann ich loslassen? Wie würde es sein, wenn ich nicht mehr darüber nachdenken würde, was mein Leben vergiftet hat? Welche meiner seelischen Grundbedürfnisse sind noch nicht erfüllt? Dieses Buch unterstützt dich auf dem Weg dorthin.

61 bis 90 Punkte: Wunderbar, du hast dich schon von vielen Verletzungen geheilt. Aber möglicherweise hast du noch nicht ganz verinnerlicht, dass du von ihnen befreit bist. Du vertraust noch nicht so in dich, wie es sein könnte. Lass dich mehr und mehr von deiner Intuition leiten und folge den Impulsen deiner inneren Weisheit. Werde mutiger und aufgeschlossener anderen Menschen gegenüber. Sie haben nicht mehr die gleiche Macht über dich wie damals, als deine Seele vergiftet wurde. Erinnere dich daran. Du kannst noch mehr auf andere Menschen zugehen und dein Selbstvertrauen stärken, sodass du mehr Lebensfreude und Lebensqualität erlangst. In diesem Buch findest du zahlreiche Denkanstöße und Übungen, wie du deine Seele heilen und dich entgiften kannst.

Über 90 Punkte: Du hast ein stabiles und gesundes Vertrauen in dich selbst. Damit hast du ein großes Potenzial, deine persönlichen Ziele zu erreichen und wertvolle Spuren auch im Leben anderer zu hinterlassen. Menschen wie du, die ihr Potenzial leben, bereichern die Gesellschaft. Wenn du noch weiter gehen willst: Führe ein Tagebuch, in das du von seelischen Verletzungen getrübte Erfahrungen notierst, egal, wie gering sie dir erscheinen. Beschreibe möglichst genau, welche Gefühle du hattest und warum du dich so verhalten hast, wie du es getan hast. So kann deine seelische Heilung noch weiterwirken. Deine innere Stimme wird dich auch in Zukunft gut beraten. Zeige dich in deiner Kraft und nutze deine Ausstrahlung, um andere Menschen zu inspirieren, es dir gleichzutun.

Unsere essenziellen Bedürfnisse

»Nicht da ist man daheim, wo man seinen Wohnsitz hat, sondern wo man verstanden wird.«

CHRISTIAN MORGENSTERN

Für persönliches Glück, Gesundheit und Zufriedenheit ist nicht nur die Befriedigung der körperlichen, sondern auch die Erfüllung der seelischen Grundbedürfnisse von zentraler Bedeutung. Du brauchst dafür Selbstmitgefühl. Wer dies vernachlässigt, wird sich schwertun, wirklich zufrieden mit dem eigenen Leben zu sein.

Aber sehen wir uns zunächst einmal die körperlichen (physiologischen) Grundbedürfnisse an. Es braucht sie, um überhaupt etwas tun oder sich fokussieren zu können. Wenn du zum Beispiel im Berufsalltag dringend auf die Toilette musst, wirst du dich nicht mehr auf deine Arbeit konzentrieren können. Ähnlich wie zwischendurch ein Toilettengang gehört die Mittagspause dazu – dein Grundbedürfnis nach Nahrung muss erfüllt werden. Weitere körperliche Bedürfnisse sind Trinken, Schlafen und Sex. Hinzu kommen seelische Grundbedürfnisse – dazu gleich mehr. Wird eines deiner Grundbedürfnisse über längere Zeit nicht erfüllt, kann dies zu seelischen und körperlichen Problemen bis hin zu Krankheiten führen.

Die Besonderheit der seelischen Bedürfnisse

Wenngleich also die körperlichen Grundbedürfnisse universell sind, sorgen Geschlecht, Alter, Herkunft und individuelle Lebensweise für Unterschiede. Seelische Bedürfnisse hingegen sind noch auf eine ganz andere Weise individuell geprägt. Ein Mensch entwickelt diese in viel stärkerem Maß noch in seinem persönlichen Umfeld und gemäß seinen Lebenserfahrungen. Es ist das, was er will, wie er sich sein Leben vorstellt.

Die seelischen Bedürfnisse verändern sich mit zunehmendem Lebensalter und hängen stark mit den persönlichen Wünschen und Zielen zusammen.

Wir können die Bedürfnisse eines Menschen noch weiter differenzieren. Vielleicht hast du schon einmal von der Bedürfnispyramide nach Abraham Maslow gehört. Der US-amerikanische Psychologe hat im Jahr 1943 zunächst fünf Grundbedürfnisse des Menschen definiert. Neben den physiologischen Grundbedürfnissen (Essen, Trinken etc.) sind dies die Bedürfnisse nach Sicherheit (Wohnen, Arbeit, Gesundheit), nach sozialer Einbindung (Liebe, Freundschaft, Zugehörigkeit), nach Einfluss und Anerkennung sowie Selbstverwirklichung. Schon früher und auch noch heute werden diese fünf Bedürfnisse gern in der genannten Reihenfolge aufeinander aufbauend als Pyramide dargestellt. Diese hierarchische Darstellung wurde allerdings nicht von Maslow selbst gewählt. Seiner Meinung nach muss ein Bedürfnis nicht vollumfänglich erfüllt sein, bevor man sich dem nächsten widmen kann. Dieser Eindruck wird allerdings durch die Darstellungsform einer Pyramide geweckt.

Im Jahr 1971 entwickelte Maslow sein eigenes Bedürfnismodell weiter auf insgesamt acht Bedürfnisse. Hinzu kamen jetzt ästhetische und kognitive Bedürfnisse sowie das Bedürfnis nach Transzendenz. Mit Letzterem geht er über das eigene Ich und die Erfahrungen im Diesseits hinaus und öffnet sein Modell für eine größere Dimension, die Spiritualität.

Physiologische ebenso wie psychologische Grundbedürfnisse kommen in beiden Modellen nach Maslow vor, doch es gibt einen wesentlichen Unterschied. Die physiologischen Grundbedürfnisse sind ab einem bestimmten Punkt erreicht, das Bedürfnis ist dann befriedigt. Wenn ein Mensch seinen Hunger, also sein Bedürfnis nach Essen, stillt, setzt irgendwann ein Sättigungsgefühl ein. Der Mensch hat im Normalfall kein großes Bedürfnis mehr, weiter zu essen, und kann sich wieder anderen Dingen widmen. Die physiologischen Bedürfnisse wirken also nach dem Prinzip der Homöostase.

Homöostase bedeutet inneres Gleichgewicht. Entsteht irgendwo im Körper ein Ungleichgewicht, so strebt dieser danach, die Balance wiederherzustellen.

Seelische Grundbedürfnisse sind hingegen schwerer zu fassen. Es lässt sich nicht so einfach sagen, ob und in welchem Maße ein Bedürfnis nun erfüllt ist. Zudem wirken sie permanent, auch wenn sich der Grad der Erfüllung ständig verändern kann.

Wenn zum Beispiel die Sicherheit fehlt, weil sich ein Mensch gerade in einem Kriegsgebiet aufhält, fehlt diese dauerhaft, bis sich etwas an der Situation verändert. Der Hunger als physiologisches Bedürfnis wirkt hingegen wie beschrieben nur zeitweise und hört dann nach Nahrungszufuhr wieder auf, bis erneut Hunger aufkommt.

Die vier seelischen Wachstumsbedürfnisse

Von seelischen Grundbedürfnissen sprechen wir auch als Wachstumsbedürfnissen. Sie bilden die Grundlage für unser Handeln und können nie außen vor gelassen werden, weil sie uns dauerhaft beeinflussen.

Auch der deutsche Psychotherapieforscher Klaus Grawe sieht die psychischen Grundbedürfnisse als universell bei allen Menschen vorhandene Bedürfnisse. Wenn diese nicht befriedigt werden, führt dies zu einer negativen Beeinflussung der seelischen Gesundheit und des Wohlbefindens. Grawe benennt die folgenden vier seelischen Grundbedürfnisse, die sogenannten Wachstumsbedürfnisse:

1. Wir wollen verstehen und die Kontrolle behalten

Viele Menschen haben eine starke Neigung dazu, alles wissen, verstehen, kontrollieren oder zumindest beeinflussen zu können. Sie wollen selbst entscheiden, ganz nach den eigenen Bedürfnissen, Vorstellungen und Wünschen. Auch in der Interaktion mit anderen möchten sie gern planen und sich nach Möglichkeit auf diese verlassen und nicht zuletzt deren Verhalten gut einschätzen und voraussagen können.

Neben der Kontrolle nach außen spielt aber auch die Kontrolle nach innen eine wichtige Rolle: darüber, den Körper und die Muskeln frei zu bewegen und alle Sinne für die Wahrnehmung der äußeren Umgebung zu nutzen. Nicht zuletzt geht es auch darum, zu verstehen, was das eigene Wohlbefinden ausmacht, und es beeinflussen zu können.

2. Wir suchen Lustgewinn und wollen Unlust vermeiden

Verbringen Menschen Zeit miteinander und überlegen sich eine Aktivität, kommt regelmäßig die Frage auf: »Hast du Lust, ...?« Dabei geht es um eine Gefühlsempfindung genau in diesem Moment. Wir sind jedoch auch in der Lage, zunächst einmal Unlust oder zumindest eine Lustreduktion in Kauf zu nehmen, um langfristig einen (großen) Lustgewinn zu erzielen. Existiert dieses langfristige Lust verheißende Ziel nicht, auf das wir hinarbeiten, werden Menschen im Normalfall die vorübergehende Unlust vermeiden.

3. Wir haben ein Bedürfnis nach Bindung

Von Anfang an hat der Mensch ein starkes Bindungsbedürfnis, zu Beginn des Lebens vor allem zur Mutter. Bereits im frühen Kindesalter entwickelt sich der Bindungstheorie zufolge entweder eine sichere Bindung oder aber eine unsicher-vermeidende, unsicher-ambivalente oder im schlechtesten Fall sogar desorganisierte Bindung heraus. Unsere Bindungserfahrungen aus der Kindheit prägen uns ein Leben lang und beeinflussen die vielen weiteren Bindungen zu anderen Menschen, die wir noch eingehen. Der Mensch ist ein soziales Wesen, für dessen Gesundheit die Bindung zu anderen von elementarer Bedeutung ist.

4. Wir streben nach einem starken Selbstwert und möchten diesen schützen

Modernen Erziehungskonzepten zufolge soll Lob eine wesentlich größere Rolle spielen als Strafe. Das trägt der Bedeutung Rechnung, die Lob und Anerkennung durch andere für die Ausbildung unseres Selbstwertgefühls haben. Für das, was wir sind und was wir machen, möchten wir Wertschätzung erfahren. Wenn beispielsweise ein Kind ständig auf seine Probleme mit dem Rechnen oder der Rechtschreibung hingewiesen wird, dann wird es sich immer schwerer damit tun, ein stabiles Selbstwertgefühl zu entwickeln.

Mit den Wirkweisen der verschiedenen verletzenden Einflüsse beschäftigt sich Teil 2 des Buches (ab Seite 32) – in Teil 3 geht es dann um konkrete Handlungsmöglichkeiten, um dich solchen negativen Einflüssen zu entziehen und die Schale der Lebensfreude zu füllen (ab Seite 91).

Impuls:
Lerne deine Wachstumsbedürfnisse kennen

Sollte es dir in manchen Lebenssituationen nicht gut gehen, wenn eine Beziehung mit einem anderen Menschen nicht recht funktioniert oder sich der Erfolg bei deiner neuen Arbeitsstelle einfach nicht einstellt, denk einmal etwas intensiver darüber nach, ob deine seelischen Grundbedürfnisse erfüllt sind. Kennst du sie überhaupt, hast du dir schon einmal Gedanken dazu gemacht und eine Bestandaufnahme, inwieweit sie in deinem Leben erfüllt sind? Entwickle Achtsamkeit, lausche in dich hinein und fühle nach, wie es um die Erfüllung deiner Wachstumsbedürfnisse steht. Es ist sehr sinnvoll, diese in deine Tages- und Lebensplanung miteinzubeziehen. Denke darüber nach, welche Bedürfnisse bei dir noch zu wenig Beachtung finden.

Hast du dies erst einmal erkannt, kannst du darauf mehr Rücksicht nehmen und so für mehr Zufriedenheit und Glück sorgen. Wenn es beispielsweise einen Konflikt gibt – sei es innerhalb der Familie, mit Freunden oder Kollegen –, denke doch einmal darüber nach, welches Bedürfnis dahinterstecken könnte, bei dir ebenso wie bei deinem Gegenüber. Oft ergeben sich so für dich ganz neue Sichtweisen: sowohl über dich selbst als auch über die Verhaltensweisen von anderen. Versuche, die seelischen Grundbedürfnisse viel mehr in deine Überlegungen einfließen zu lassen. Denn die kommen im Alltag oft viel zu kurz.

Viel mehr als ein Trostpflaster: Kintsugi für die Seele

»Willst du den Körper heilen,
musst du zuerst die Seele heilen.«
PLATON

Kintsugi ist eine alte japanische Praxis, bei der flüssiges Gold oder Silber zum Reparieren von Keramikobjekten verwendet wird. Zum Löten der Fragmente wird Gold verwendet, was das endgültige Stück wertvoller macht, nicht nur wegen des Edelmetalls, sondern auch wegen der Einzigartigkeit des neu entstehenden Objekts: Jede Schale oder jeder Teller wird einen anderen, unwiederholbaren Aspekt aufweisen und ist einzigartig dank der Splitter, die ihn so wertvoll machen.

Die Legende besagt, dass der Shogun Ashikaga Yoshimasa im 15. Jahrhundert seine Lieblingsteetasse zerbrach und die Handwerker beauftragte, sie so zu reparieren, dass sie wieder brauchbar und seines Amtes würdig wäre. Diese Künstler mischten Lack mit Goldstaub und gaben der Tasse ein zweites Leben mit einem prächtigen Aussehen. Jahrhunderte später sind die mit der Kunst des Kintsugi reparierten Stücke äußerst wertvoll und einzigartig. Teetassen mit Kintsugi-Merkmalen, Spiegel der Lebenskraft des Schicksals, werden am meisten geschätzt.

Es ist nie möglich, zwei Objekte auf die gleiche Weise zu brechen, sodass das Endergebnis immer ein einzigartiges Kunstwerk sein wird.

Kintsugi ist so ein schönes Bild für das, worum es in diesem Buch geht, dass ich es dir unbedingt vorstellen will. Mir hat diese Analogie unglaublich geholfen. Die Lektion, die diese alte japanische Technik lehrt, ist, dass wahre Vollkommenheit, sowohl ästhetisch als auch innerlich, aus Unzulänglichkeit und Wunden entstehen kann.

Die Kunst der Schadensannahme

Einige Gelehrte haben diese Technik die »Kunst der Schadensannahme« genannt, bei der Wunden nicht schamvoll verborgen oder versteckt, sondern betont werden. Sicher müssen wir nicht so weit gehen, aber hilfreich ist diese Metapher allemal.

Der Bruch stellt nicht das Ende des Objekts dar, im Gegenteil: Seine Brüche werden kostbar. Wir können aus einer negativen Erfahrung etwas mitnehmen und gestärkt daraus hervorgehen. So lassen sich Seelenwunden nach und nach heilen.

Ich stelle dir in diesem Buch viele Möglichkeiten vor, Kintsugi für deine Seele anzuwenden. Du kannst dir aus den Methoden etwas aussuchen, was für dich passend ist und was dir zusagt. Ganz sicher ist etwas dabei, was deine Seelenheilung unterstützt. Probiere die Möglichkeiten aus, wie bei einem Buffet, das dir verschiedene Speisen anbietet. Nimm die, die dich ansprechen, und finde so deinen Weg im Sinne des Kintsugi.

So kannst du deine Seele mit dieser uralten Technik verarzten

Fast drängt es sich auf, das Betonen der Bruchstelle beim Kintsugi mit dem seelischen Heilungsprozess zu vergleichen. Gerade in einer Krise kann man Widerstandsfähigkeit und Resilienz entwickeln. Etwas Neues kann entstehen, wenn wir mit schmerzhaften Erlebnissen konstruktiv umzugehen lernen, uns selbst wieder aufbauen und die Chancen nutzen, die uns das Leben bietet, um künftig auftretenden Schwierigkeiten gestärkt begegnen zu können.

Es sind vielleicht die dunklen Momente, die uns besondere Kraft verleihen – die schwierigen Erfahrungen, unsere Wunden, die Lehren, die wir daraus gezogen haben, und die neuen Bedeutungen, die wir den Dingen verliehen haben mögen.

Wir leben in einer Konsumgesellschaft und werfen eine kaputte Tasse, auch wenn es unsere Lieblingstasse war, genauso leicht weg wie ein Paar Schuhe. Mit unseren Mikroverletzungen können wir jedoch nicht so umgehen.

Im besten Fall stabiler als zuvor

Die Kunst des Kintsugi lehrt uns, die Vergangenheit und unsere Fehler zu schätzen, anstatt uns für sie zu schämen oder sie zu verachten. Wir können negative Erfahrungen als schreckliche Momente in unserem Leben sehen oder wir können sie als etwas Wesentliches und dankbar Anzunehmendes sehen, das uns wachsen und bewusster werden lässt.

Die Schwierigkeiten, die wir im Leben bewältigt haben, und die Fehler, aus denen wir gelernt haben, sorgen für Resilienz: die Fähigkeit, uns gleich einem Stehaufmännchen wieder aufzurichten (mehr dazu ab Seite 105). Wie die geklebten Bruchstellen einer Kintsugi-Tasse sind wir fortan genau an diesen Stellen stärker als zuvor, die Widerstandskraft ist gewachsen und hat unserem Leben neue Facetten hinzugefügt.

Das Leben ist nicht statisch: Wir leben, lieben und leiden. Wir können körperliche und emotionale Verletzungen erfahren. Aber wir können, wann immer wir hingefallen sind, wieder aufstehen und weiterleben. Das ist es, was wir für unser Leben von Kintsugi mitnehmen können. Mit der Zeit werden unsere Seelenwunden vernarben. Oftmals begleiten uns diese Narben ein

Leben lang, gleich einem unsichtbaren »Rucksack«, den wir mit uns tragen, und lenken – bewusst oder unbewusst – unsere zukünftigen Entscheidungen.

Wenn wir zulassen, dass der Schmerz dauerhaft wie ein Stachel in uns sitzt, wird Heilung schwierig. Wir dürfen mit der Zeit den Schaden akzeptieren und nach Lösungen für die Zukunft suchen. Wenn wir aus unseren Seelenwunden lernen und uns wie ein »Stehaufmännchen« wieder aufrichten, wird unsere goldene Narbe zu etwas werden, auf das wir dauerhaft bauen können. Wir können unser Selbstwertgefühl steigern, in uns Fähigkeiten entdecken, in denen wir uns auszeichnen. Wir können lernen, es uns wert zu sein, uns selbst zu lieben und gesunde Gewohnheiten zu fördern, etwa für guten Schlaf zu sorgen, nahrhaft und gesund zu essen und Stress zu reduzieren. Und wir können lernen, freundlicher zu anderen und vor allem zu uns selbst zu sein, denn viele Menschen sind ihre eigenen härtesten Kritiker.

Wenn es eine Eigenschaft gibt, die Kintsugi in besonderer Weise auszeichnet, dann ist es Geduld. Es ist nicht nur wichtig, Ziele zu haben und daran zu glauben, dass wir sie verwirklichen werden – wir müssen uns auch bewusst sein, dass Veränderungen und Herausforderungen nicht über Nacht erreicht werden. Geduld hilft uns zu warten, bis die richtige Zeit, der richtige Ort und die richtigen Umstände vorhanden sind. Jetzt liest du dieses Buch und bist schon mittendrin. Die Heilung und Veredelung deiner Seelenwunden hat bereits begonnen.

Für Kintsugi im wahren Leben braucht es Optimismus und Geduld. Wir müssen das Wiederverbinden der Teile vertrauensvoll abwarten. Denn es ist auch die Zeit, die Wunden heilt.

Die Schönheit der Verletzlichkeit

Kintsugi ist nicht nur eine einfache dekorative Geste. Die Spuren, die sich nach dem Trocknen in Gold- oder Silberfarbe zeigen, verwandeln die zerbrochenen Elemente in ein anderes, spektakuläres Ganzes, in dem zudem der Lauf der Zeit erkennbar ist. Die Kintsugi-Philosophie schlägt auch vor, von der Suche nach Perfektion abzulassen und in jedem Stolperstein eine Gelegenheit zu finden, zu wachsen und unsere inneren Werte zu steigern.

Kintsugi kann uns dazu bringen, voller Selbstvertrauen auf unsere innere Stärke zu bauen und uns so der Realität zu stellen. Wir haben mehr Mut, von destruktivem Erleben hin zu konstruktivem Ändern zu wechseln. Alle ängstlichen Gedanken, die uns zweifeln lassen, können wir in Richtung einer positiven und mutigen Vision korrigieren.

Die Ursachen für Mikroverletzungen

In den folgenden Kapiteln zeige ich dir die häufigsten destruktiven Einflüsse, die zu emotionalen Verletzungen führen. Alles Destruktive zersetzt dein Selbstvertrauen, zieht dich hinunter und macht dich klein. Alles Konstruktive ist für dich nährend und förderlich. Wir werden gemeinsam das, was dich nicht unterstützt, minimieren und gleichzeitig alles, was dir im Leben weiterhilft, vermehren. Wir werden uns also sowohl den schmerzhaften destruktiven Ursachen von seelischen Wunden widmen als auch mit den möglichen Lösungen befassen. Denn nur wenn wir beide Seiten beachten, geschieht Heilung von Mikroverletzungen.

So erkennst du, wenn du im Gefühlsdefizit lebst

»Worte haben die Kraft, zu zerstören oder zu heilen. Wenn Worte wahr und zugleich gütig sind, können sie unsere Welt verändern.«

BUDDHA

Nicht immer ist es leicht, ein persönliches emotionales Defizit zu erkennen, denn wir neigen dazu, so etwas auszublenden, zumal wenn wir keinen Ausweg sehen. Heutzutage kommt es immer öfter vor, dass sich Menschen einsam und nicht wahrgenommen fühlen.

Bist du emotional vernachlässigt?

Folgende Gefühlslagen deuten darauf hin, dass deine seelischen Bedürfnisse nicht erfüllt sind. Das kann sich schlimm anfühlen – daher solltest du tiefer in dich hineinhören und eventuell professionelle Unterstützung in Anspruch nehmen.

Du fühlst dich gefühlstaub

Hierbei handelt es sich nicht etwa um ein körperliches Phänomen. Vielmehr betrifft die Gefühllosigkeit deine Seele. Oft erscheint in diesem Zustand die ganze Welt grau, wobei du nichts mehr fühlst und in vielen Aktivitäten keinen Sinn mehr siehst.

Dies macht sich vor allem dann bemerkbar, wenn du Zeit mit deinen Liebsten verbringst. Du verspürst keine seelische Verbindung zu ihnen. Diese Gefühlstaubheit kann dir schwer zu schaffen machen. Denn in dem Fall fühlst du dich oft besonders einsam und es fällt dir nicht leicht, eine Bindung zu deinen Mitmenschen aufzubauen. Die Ursachen für eine Gefühllosigkeit können tiefer liegen. Oft haben sie ihren Ursprung in der Kindheit oder in einer früheren Beziehung.

Viele Menschen schützen sich aufgrund einer emotionalen Vernachlässigung davor, erneut verletzt zu werden, indem sie ihre Gefühle unterdrücken.

Du ziehst dich von anderen zurück

Du hast das Bedürfnis, viel Zeit allein zu verbringen, weil du dich von deinen Mitmenschen nicht richtig verstanden fühlst, vor allem dann, wenn du schon oft versucht hast, deine Lieben über die eigene Gefühlslage aufzuklären, und auf Unverständnis gestoßen bist.

Sicherlich hättest du trotzdem gern einen Menschen an deiner Seite, der dich und deine Emotionen ernst nimmt. Allerdings ist es unter diesen Umständen schwer, eine Beziehung zu anderen aufzubauen. Der Wunsch nach Rückzug entsteht häufig mit der emotionalen Vernachlässigung durch das soziale Umfeld. Dies kann schon in jungen Jahren sehr schmerzhaft sein und zu einer seelischen Abgrenzung von anderen Menschen führen. Weil man den Eindruck hat, dass man nicht gewollt ist, zieht man sich zurück.

Hilfe nimmst du nicht gern an

Du bittest deine Mitmenschen selten oder gar nicht um Hilfe, unabhängig davon, ob du dich in einer Notlage befindest. Immerhin bist du es gewohnt, deine Probleme auf eigene Faust in den Griff zu bekommen. Dieses Muster hat seinen Ursprung in der Kindheit oder in der Partnerschaft. Oft wurden deine Bitten um Unterstützung ignoriert, wenn du deine Mitmenschen am meisten gebraucht hättest. Du musstest dich daran gewöhnen,

Ab wann ist es emotionale Vernachlässigung?

Von emotionaler Vernachlässigung ist immer dann die Rede, wenn ein Mensch, der dir nahesteht, etwa deine Eltern, deine Familie oder dein Lebenspartner, nicht offen für deine speziell auf die Partnerschaft bezogenen seelischen Bedürfnisse ist. Dazu kann es im Alltag schon mal kommen, wobei es erst einmal nicht schlimm ist, wenn der andere vielleicht gerade nicht den Kopf für deine Anliegen frei hat. Problematisch und damit destruktiv wird es jedoch, wenn sich das über einen längeren Zeitraum hinzieht und du den Zustand zu spät erkennst und nicht rechtzeitig gegensteuerst. Viele Menschen geben sich erst einmal selbst die Schuld, sobald sie das Gefühl haben, dass etwas nicht stimmt. Es ist daher äußerst wichtig, das Problem und dessen Ursache zu erkennen und zu definieren. Auf diese Weise hast du die Möglichkeit, rechtzeitig gegenzusteuern. Auch den entgiftenden Heilungsprozess kannst du damit vorantreiben.

sämtliche Herausforderungen selbst zu bewältigen. Es scheint dir als Folge davon also fast unmöglich, um Unterstützung zu bitten. Grund ist die Angst vor weiterer Zurückweisung.

Du hast mit geringem Selbstwertgefühl zu kämpfen

Bei emotionaler Vernachlässigung ist ein geringes Selbstwertgefühl wenig verwunderlich. Immerhin hast du damit den Eindruck, dass du die Zeit deiner Liebsten nicht verdienst. Im schlimmsten Fall glaubst du, ihnen nicht wichtig zu sein. Das entspricht jedoch oftmals nicht der Wahrheit. Trotzdem schleicht sich solch ein Gefühl schnell ein, wobei du es auf andere Situationen und Menschen in deinem Leben überträgst.

Du sehnst dich nach Zuwendung eines Menschen

Wurdest du für längere Zeit emotional vernachlässigt, so hast du womöglich das Gefühl von innerer Leere. Vielleicht sehnst du dich nach der Liebe einer bestimmten Person, um das seelische Loch in dir zu füllen – und das ist genau die Person, die dich emotional im Stich gelassen hat. Du meinst, dass nur diese Person dich glücklich machen kann. Um dieses Problem zu lösen, solltest du das Gespräch mit dem betreffenden Menschen suchen. Erkläre ihm, wieso du ihn brauchst. Weigert sich dein Gegenüber, dir zur Seite zu stehen, ist dies für dich zwar erst einmal schmerzhaft – allerdings weißt du dann, woran du bist, und kannst nach vorne blicken und neue Wege gehen.

Auf Ablehnung reagierst du sensibel

Wenn du dauerhaft emotional vernachlässigt wurdest, entwickelst du vielleicht ein konstantes Angstgefühl. Die Ursache dafür liegt – wie bei vielen seelischen Leiden – in deiner Vergangenheit. Mitunter musstest du viele Misserfolge einstecken. Du wurdest häufig abgelehnt und hast somit immer noch Angst davor, dass du in solch eine Lage gerätst. Du fühlst dich dann oft von den Worten deiner Mitmenschen verletzt. Dies gilt sogar dann, wenn es sich um konstruktive Kritik handelt. Du empfindest gut gemeinte Ratschläge als Angriffe und blockst sie ab. Menschen, die besonders defensiv sind, wenden sich ihrem eigentlichen Problem erst dann zu, wenn ihre Beziehungen darunter leiden. Es ist aber möglich, diese Herausforderung zu meistern, um anschließend ein normales Leben zu führen. Voraussetzung dafür ist, dass du dir verzeihst und den alten Wunden die Chance gibst, zu heilen. Bei Bedarf ist es notwendig, professionelle Hilfe in Anspruch zu nehmen.

Destruktive Menschen und wie du dich schützen kannst

»Heilung bedeutet, dass der Mensch erfährt, was ihn trägt, wenn alles andere aufhört, ihn zu tragen.«
WOLFRAM VON ESCHENBACH

Im Zusammenhang mit Beziehungen begegnen wir immer wieder den Begriffen destruktiv oder toxisch (mehr dazu auf der nächsten Seite). Besonders in den sozialen Medien wird man vor solchen Beziehungen gewarnt. Doch was sind das für Menschen, mit denen man in eine destruktive Beziehung gerät, und wie kannst du dich vor ihrem schädlichen Einfluss schützen?

Die Destruktivität eines Menschen definiert sich durch seinen Charakter, seine Haltung und seinen Umgang mit anderen. Besonders nahestehende Menschen wie Partner, Familienmitglieder, Freunde oder auch Kollegen können destruktiv auf dich wirken, einfach weil sie mehr Raum und Zeit in deinem Leben einnehmen als andere. Häufig dauert es lange, bis ein Betroffener realisiert, dass ein Mensch ihm nicht guttut, das Problem dauerhaft ist und er oder sie in der Lage ist, sich selbst zu helfen oder sich helfen zu lassen.

Merkmale für destruktives Verhalten

Manipulation

Die fragwürdige Kunst der Manipulation beherrschen destruktive Menschen normalerweise par excellence. Und die anderen brauchen meist eine Weile, bis sie überhaupt bemerken, dass sie manipuliert wurden – wenn sie es überhaupt bemerken. So kann es passieren, dass ein destruktiver Mensch ein ganzes Umfeld gegen sein Opfer aufbringt, beispielsweise mit dem Erzählen von Unwahrheiten über ihn oder sie. Dem Opfer gegenüber zeigt sich der destruktive Mensch allerdings äußerst freundlich und es schöpft keinen Verdacht.

Toxisch – destruktiv

Toxisch (wörtlich: giftig) bezeichnet innerhalb der Psychologie einen Menschen, der einige der auf diesen Seiten beschriebenen Eigenschaften aufweist. Die Auswirkungen seines Handelns sind destruktiv. Ich verwende beide Begriffe im Wechsel, auch im Zusammenhang mit Beziehungen.

Angriff des Selbstwerts

Unser Selbstwertgefühl ist für unsere gesamte Lebensgestaltung von großer Bedeutung. Die wenigsten Menschen schreiten mit einem unantastbaren Selbstwertgefühl durch die Gegend. Meist ist es mehr oder weniger berührbar bis angreifbar. Und genau dort setzen destruktive Menschen mit Vorliebe an. Das tun sie beispielsweise durch überzogene Erwartungen, Beleidigungen und indem sie Schuldgefühle erzeugen.

Egoismus – der destruktive Mensch im Mittelpunkt

Die Bedürfnisse anderer nehmen destruktive Menschen kaum wahr – oder sie bedeuten ihnen nichts. Im Mittelpunkt ihrer Wahrnehmung stehen nur die eigenen Bedürfnisse und deren bedingungslose Erfüllung. Hier ist die Nähe zum Narzissmus erkennbar, denn destruktive Menschen tragen häufig auch narzisstische Züge. Sie verhalten sich also selbstverliebt, empfinden sich als wichtiger als andere, sind auf sich selbst bezogen und schenken anderen Menschen wenig Beachtung.

Druck durch Schuldgefühle

Destruktive Menschen können einen immensen Druck auf ihre Mitmenschen ausüben. Oft sorgen sie für Schuldgefühle bei anderen. Im Gegensatz zu diesen scheinen destruktive Menschen selbst von Schuldgefühlen unbehelligt zu sein und üben ihr schädliches Verhalten meist ungerührt weiter aus.

Schmerzhafte Strafen

Neben Schuldgefühleverursachen kommen auch andere Arten von »Strafen« zum Einsatz. Destruktive Menschen fühlen sich häufig in der Position, über das Verhalten anderer zu richten und dementsprechend bestrafen zu dürfen. Eine der beliebtesten Strafen ist es, der in Ungnade gefallenen Person die kalte Schulter zu zeigen und sie mit Schweigen oder gar Nichtachtung zu strafen. Da wir Menschen soziale Wesen sind, ist diese Art von Bestrafung besonders schmerzvoll. Darüber hinaus ist sie auch denkbar schwer zu klären: Ein Streit oder eine Meinungsverschiedenheit lässt sich nur aus dem Weg räumen, wenn sich beide Personen kooperativ zeigen und für ein Gespräch bereit sind. Doch genau dazu sind destruktive Menschen nicht willens oder gar nicht imstande.

Sturheit und Starrsinn

Ein weiteres Kennzeichen destruktiver Menschen ist ihre Sturheit. Selten sind sie in der Lage, einen Fehler einzusehen, und zeigen generell wenig Bereitschaft, sich zu ändern.

Streiten um nichts

Sie scheinen das Drama zu lieben oder eine Art von Befriedigung aus Konflikten zu ziehen: Destruktive Menschen brechen leicht Streit vom Zaun, wo es gar keinen Grund dafür gibt. Vielleicht liegt die Ursache tief verborgen in ihrer Unzufriedenheit mit sich selbst.

Übergriffigkeit – ohne Grenzen und Scham
Destruktive Menschen überschreiten häufig Grenzen. Seien es Grenzen innerhalb der Beziehung oder ganz persönliche Grenzen. So rühren sie beispielsweise immer wieder an wunden Punkten und verletzen den anderen damit. Auch versuchen sie, sich in das Leben anderer Menschen einzumischen und es zu kontrollieren.

Ein wichtiges Merkmal: dauerhafte problematische Phase
Jeder Mensch hat einmal einen schlechten Tag oder geht durch eine problematische Phase. In diesen Momenten handeln wir nicht immer so, wie wir es sonst tun würden, und verletzen unsere Mitmenschen womöglich, ohne es zu beabsichtigen. Das macht uns noch nicht zu destruktiven Menschen. Ein wichtiges Kennzeichen einer solchen Person ist, dass ein derartiges problematisches Verhalten dauerhaft und nicht nur ausnahmsweise einmal auftritt.

Destruktivität hat viele Gesichter
Diese Aufzählung ist bei Weitem nicht vollständig. Vielleicht kannst du an diesem Punkt schon destruktive Menschen in deinem Leben ausmachen und fühlst dich ihnen ausgeliefert. Doch das bist du nicht. Es gibt Wege, dich vor ihnen zu schützen, auch wenn du ihnen physisch nicht ausweichen kannst – also zum Beispiel mit einem destruktiven Menschen eine Wohnung teilst.

Das Wichtigste ist, dass du Ausdauer beweist, denn ein destruktiver Mensch wird immer wieder versuchen, seine alten Verhaltensmuster einzusetzen, um erneut Kontrolle über dich und dein Leben zu erlangen. Lass dich davon nicht beeindrucken, bleib stark!

Die vier Schritte zur Selbstermächtigung

Fallen dir an jemandem immer wieder eines oder mehrere der gerade beschriebenen Merkmale auf, so handelt es sich dabei um einen Menschen, der dir nicht guttut. Ist es jemand, den du meiden kannst, dann tue genau das, um dich zu schützen, auch wenn es eventuell bedeutet, eine langjährige Freundschaft zu kappen. Das ist natürlich nicht immer möglich. Wann immer es in Betracht kommt, beispielsweise bei einem Kollegen oder einem Mitglied der erweiterten Familie, nutze die folgenden Schritte, um der Person die Macht über dein Leben zu nehmen.

Schritt 1: Erkennen und entscheiden

Zuallererst musst du erkennen, wer dein Leben vergiftet. Du hast einen destruktiven Menschen in deinem Leben identifiziert und vielleicht lange unter dieser Person gelitten – doch heute ist der Tag, an dem du beginnst, dieser Person die Stirn zu bieten und wieder die Kontrolle über dein Leben zu erlangen. Entscheide dich eindeutig dafür, dass es nun reicht und dass du selbst dein Leben in die Hand nehmen wirst.

Schritt 2: Klare Grenzen setzen

Überlege dir: An welchen Stellen überschreitet die destruktive Person deine Grenzen? Wo trifft sie dich, wo verletzt sie dich oder Personen, die du schützen möchtest (beispielsweise deine Kinder)? Wo genau musst du also Grenzen setzen? Und wie genau sollen die aussehen?

Schritt 3: Glasklare Kommunikation

Wenn man unmissverständlich Grenzen setzt, so ist das eine Form der nachdrücklichen Kommunikation. Im ersten Schritt hast du eine Entscheidung für dich getroffen. Im zweiten Schritt hast du deine Grenzen definiert und formuliert. Nun geht es daran, dem anderen diese Grenzen mitzuteilen. Wenn dir bei dem Gedanken daran mulmig zumute wird, so ist das durchaus verständlich. Verabrede einen Termin mit der destruktiven Person, der du deine neuen Grenzen kommunizieren möchtest, und nimm gegebenenfalls jemanden zur Verstärkung mit. Dies kann beispielsweise ein Partner oder eine gute Freundin sein. Lass jedoch nicht jemand anderen für dich sprechen.

Bring deine Forderungen mit erhobenem Haupt und fester Stimme vor. Vermeide den Konjunktiv und Wörter wie »vielleicht« oder »möglicherweise«. Bleib höflich und weitestgehend freundlich, besonders wenn es sich um eine Person aus deinem beruflichen Umfeld oder um Nachbarn handelt, mit denen du noch lange auskommen musst.

Mach dich nicht klein – du hast etwas zu sagen und sollst gehört werden.

Vermutlich fällt die Reaktion deines Gesprächspartners nicht allzu positiv aus. Grenzen entziehen destruktiven Menschen einen Teil ihrer Macht. All ihre schädlichen Taktiken sind fruchtlos, wenn die Opfer sie plötzlich nicht mehr zulassen, und das spüren sie. Gib dem anderen ein wenig Zeit und beobachte seine Reaktion.

Schritt 4: Standhaft bleiben

Nachdem die Grenzen gezogen wurden, gilt es, nun standhaft zu bleiben. Ein destruktiver Mensch wird deine Haltung schlimmstenfalls für einen Bluff halten. Du weißt, dass es nicht so ist – mach es deutlich. Um an dieser Stelle nicht schwach zu werden und unter Gewissensbissen zusammenzubrechen, ist es wichtig, dass du dir eines bewusst machst: Das Problem bist nicht du und das destruktive Verhalten hast du weder verdient, noch bezieht es sich überhaupt auf dich. Vermutlich übt die destruktive Person ihre schädlichen Verhaltensweisen mit allen Menschen aus, die es zulassen.

Destruktive Liebesbeziehungen

»Was man innerlich überwinden kann, das braucht man niemand zu sagen. Womit man aber nicht fertigwerden kann, das soll man einem andern mitteilen, damit er helfe tragen und beten.«

IMMANUEL GOTTLIEB KOLB

Keine Beziehung ist perfekt – ob im persönlichen oder im geschäftlichen Bereich. In einer guten Liebesbeziehung fühlst du dich jedoch sicher, glücklich, umsorgt, respektiert und frei, du selbst zu sein. Destruktive Liebesbeziehungen hingegen lassen dich allein, ausgelaugt und erschöpft zurück. Eine destruktive Liebesbeziehung beschreibt eine Beziehung zwischen zwei Menschen, die einander nicht gegenseitig unterstützen, wenn es Konflikte gibt, sondern in der eine Person versucht, die andere zu dominieren. Es besteht ein kontinuierlicher Wettbewerb, der von Respektlosigkeit und von mangelndem Zusammenhalt geprägt ist.

Während eine gesunde Liebesbeziehung Höhen und Tiefen durchläuft, ist eine destruktive Beziehung für die Betreffenden oft dauerhaft unangenehm und belastend, wobei die negativen Momente die positiven überwiegen. Destruktive Beziehungen sind für einen oder beide Partner psychisch, emotional und sogar physisch schädlich und hinterlassen deutliche Seelenwunden.

Was sind die Kriterien?

Menschen, die das Selbstbewusstsein ihres Partners immer wieder untergraben oder ihm absichtlich oder unabsichtlich Schaden zufügen, haben für gewöhnlich Gründe für ihr Verhalten.

Dies kann eine vorangegangene destruktive Beziehung sein oder sie sind in einer problematischen Familie aufgewachsen. Früheres Mobbing oder eine nicht diagnostizierte psychische Störung sind ebenso mögliche Gründe für ein solches Verhalten wie Depressionen, Angstzustände, Narzissmus oder verschiedene Formen von Traumata.

Manchmal sind Liebesbeziehungen allein deshalb destruktiv, weil die Partner nicht zueinanderpassen. Da können sich zwei kontrollbedürftige Menschen zusammenschließen oder ein sarkastischer Typ verbindet sich mit einem dünnhäutigen Partner.

Wie erkennst du, dass du dich in einer destruktiven Beziehung befindest? Zu den schwerwiegenden Warnsignalen gehört jede Form von Gewalt, Missbrauch oder Belästigung. In diesen Fällen solltest du sofort handeln, das ist klar.

Oftmals sind die Anzeichen einer destruktiven Beziehung aber viel subtiler. An erster Stelle steht andauerndes Unglück. Bringt eine Liebesbeziehung keine Freude mehr und verursacht stattdessen immer wieder Leid, Traurigkeit, Wut oder Angst, ist dies für die Betroffenen schlimm. Hinzu kommt oft der Neid auf andere Paare, die glücklich in ihrer Beziehung sind.

Veränderungen deines seelischen Wohlbefindens, deiner Persönlichkeit oder deines Selbstwertgefühls hin zum Negativen sind ebenfalls Warnsignale dafür, dass du dich in einer destruktiven Liebesbeziehung befindest. Diese Veränderungen sind erkennbar, wenn du unter ständiger Nervosität oder Unwohlsein leidest und dies insbesondere in Gegenwart deines Partners spürst. Hast du darüber hinaus das Gefühl, mit deinem Partner nicht sprechen oder ihm gegenüber keine Bedenken äußern zu können, ist dies ein weiteres Zeichen dafür, dass etwas nicht stimmt.

Weiterhin solltest du darauf achten, ob sich deine Freundschaften und Bekanntschaften oder die Art und Weise verändern, wie du deine Freizeit verbringst. Hast du oft das Gefühl, dich um deinen Partner kümmern und Rücksicht auf ihn nehmen zu müssen, wirst du dich auch bei den Dingen schlecht fühlen, die du in deiner Freizeit tust. Sobald du keine individuelle Persönlichkeit mehr bist, sondern dein Sein ausschließlich deinem Partner widmest, ist die Grenze zu einer destruktiven Beziehung überschritten. Begegnen dir Familie oder Freunde bereits mit Besorgnis, solltest du dies unbedingt ernst nehmen.

Oftmals sind Menschen, die sich in einer destruktiven Beziehung befinden, die letzten, denen das auffällt.

Weitere Anzeichen dafür, dass du dich in einer destruktiven Beziehung befindest, sind:

Kein Geben und Nehmen

Eine gesunde Liebesbeziehung verfügt über eine gute Balance zwischen Geben und Nehmen, das heißt, wenn du in deine Partnerschaft etwas hineingibst, kannst du dich darauf verlassen, dass du auch von ihr etwas zurückbekommst. In einer destruktiven Beziehung wird dir jedoch durch ein Ungleichgewicht Energie entzogen.

Negative Gefühle

Fühlst du dich nicht glücklich und produktiv, sondern immer geistig, emotional und sogar körperlich ausgelaugt, kannst du dir sicher sein, dass deine Beziehung destruktiv für dich ist.

Mangelndes Vertrauen und ständige Unzuverlässigkeit

Eine Beziehung ohne Vertrauen ist wie ein Auto ohne Kraftstoff. Du kannst dich darin befinden, solange du willst, allerdings wird dies nirgendwo hinführen. Wenn man sich aufeinander verlassen kann, wächst das Vertrauen. Andernfalls fehlt bereits der Kern einer guten und funktionierenden Beziehung.

Einseitigkeit
Eine einseitige Beziehung führt nicht zum Glück. Nur wenn beide Seiten an der Beziehung arbeiten und sich in diese einbringen, kann sie auch funktionieren.

Fortlaufende Kritik
In destruktiven Beziehungen wird oft geurteilt. Die dabei geäußerte Kritik ist jedoch nicht hilfreich, sondern herabsetzend oder sogar verletzend.

Weitere Merkmale
Eine destruktive Liebesbeziehung ist geladen mit negativer Energie und bringt nichts Positives hervor. Die Kommunikation zwischen den Partnern ist schlecht oder sogar nicht vorhanden. Gegenseitiger Respekt ist die erste Voraussetzung für eine gute Partnerschaft, in einer destruktiven Beziehung fehlt diese Basis jedoch oder ist lediglich einseitig. Der Alltag ist geprägt von ständiger Kontrolle. Stellst du außerdem fest, dass du regelmäßig deine Meinung änderst, nur um von deinem Partner Zuwendung zu erhalten, dann befindest du dich definitiv in einer schädlichen Beziehung. Du erhältst mit der Zeit das Gefühl, dass du es nicht besser verdient hast und einer gesunden Beziehung unwürdig bist.

Bleibe dir selbst und deinen Werten treu und höre auf dein Herz. Beweise Stärke, wenn du dich aus einer destruktiven Beziehung befreien musst.

Eine destruktive Beziehung wird oft nicht beendet, da es keinen Ausweg zu geben scheint. In einer gesunden Partnerschaft stellt man aber füreinander eine positive Kraft dar. Wenn du nichts richtig machen kannst, ist möglicherweise das einzig Falsche deine Beziehung. Das kann dich viel Zeit und Energie kosten, die du anderweitig viel sinnvoller nutzen könntest.

Impuls: Das kannst du in einer Liebesbeziehung für dich tun

Möchtest du zunächst versuchen, positive Veränderungen an deiner Beziehung vorzunehmen, ist der erste Schritt, mit deinem Partner darüber zu sprechen, was dich stört. Du kannst auch beginnen, vertrauenswürdige Familienmitglieder oder Freunde über die Situation zu informieren, damit sie dich emotional unterstützen. Ein weiterer entscheidender Schritt ist das Stärken deines Selbstwertgefühls. Nur gestärkt und selbstbewusst kannst du die weiteren Phasen gut durchlaufen. Versuche außerdem finanziell vollkommen unabhängig zu sein, damit keine Abhängigkeitsfalle droht.

Wie du eine destruktive Beziehung hinter dir lässt

Unterbrich die Kommunikation mit der destruktiven Person. Wenn du weiterhin kontinuierlich mit ihr im Kontakt stehst, verzögert dies lediglich den Heilungsprozess. Sollte es nicht möglich sein, den Kontakt gänzlich einzustellen, dann reduziere einen Austausch auf das Nötigste. Je nach Situation kann sich nach einiger Zeit sogar eine Freundschaft daraus entwickeln. Dies ist jedoch ein langer Prozess und nicht unmittelbar nach einer Trennung umsetzbar.

Verbringe Zeit mit Menschen, die dir guttun, und gib dir selbst die Chance auf Heilung. Gehe alten Hobbys nach oder probiere etwas Neues aus, das du immer schon einmal tun wolltest. Das fördert nicht nur dein Selbstwertgefühl, sondern bietet dir auch eine gute Gelegenheit, neue Menschen kennenzulernen.

Im Laufe deiner destruktiven Beziehung hast du vielleicht negative Überzeugungen entwickelt, etwa ohne deinen Partner nicht mehr leben zu können oder dass du wertlos bist und alles falsch machst. In diesem Fall ist es nun an der Zeit, dir neue Glaubenssätze zu überlegen und Pläne für eine glückliche Zukunft zu schmieden. Erinnere dich an die optimistische Person, die du vor der destruktiven Beziehung gewesen bist, und woran du geglaubt hast, bevor du diese Partnerschaft eingegangen bist. Das mag dir am Anfang nicht leichtfallen, jedoch findest du auf diese Weise die Motivation, dich jeden Tag selbst daran zu erinnern, dass du wertvoll bist. Nutze die Glaubenssätze, um dich mit deiner neuen Zukunft zu verbinden und diese immer weiter in allen Einzelheiten zu gestalten. Vielleicht möchtest du allein verreisen, den Job wechseln, dir eine neue Wohnung suchen oder in Zukunft eine harmonische Beziehung führen. Erlaube dir, jeden Tag von deinem neuen Leben zu träumen. Je detaillierter du dir das ausmalst, desto einfacher wird es für dich sein, Wege zu finden, um dieses auch zu leben.

Oft vermisst man nach einer Trennung erst einmal diese Person. Dem Gehirn fällt es leicht, sich an die guten Zeiten zu erinnern und dabei die schlechten Aspekte der Beziehung auszublenden. So entsteht oft der Wunsch, den Expartner zurückhaben zu wollen. Wenn es dir so ergeht, denke daran, dass du nach einem langen Prozess selbst zu dieser Entscheidung gelangt bist. Halte an ihr fest, denn schließlich willst du dein zukünftiges Leben verbessern und nicht in altbekannte schmerzhafte Muster zurückfallen.

Impuls: Eine Zukunft ohne deinen Partner

Nachdem du eine ungesunde Beziehung verlassen hast, solltest du deine eigenen Grenzen stärken und dein persönliches Glück an erste Stelle setzen. Es ist wichtig, dass du dir klarmachst, wie sehr dich diese Beziehung geprägt hat, und dass auch für dich in Zukunft eine gesunde Liebesbeziehung möglich ist.

Destruktives Verhalten erkennen und souverän kontern

»Ein Teil der Heilung war noch immer, geheilt werden zu wollen.«
LUCIUS ANNAEUS SENECA

Jeder Mensch hat seine eigene Art, mit negativen Gefühlen umzugehen. Einige unterdrücken sie gekonnt, andere reagieren schnell wütend und dann gibt es noch diejenigen, die ihren Unmut in passiv-aggressivem Verhalten zeigen. Das ist für mich persönlich eine ganz schreckliche Art, mit Konflikten umzugehen, und ich habe hierdurch einige Seelenwunden erhalten. Ich mag konstruktive Auseinandersetzungen bei Problemen, ich kann streiten, aber mit passiv-aggressivem Verhalten umzugehen, fällt mir wirklich schwer. Dieses Verhalten wird von vielen, besonders von sensiblen Menschen als sehr unangenehm empfunden. Daher wollen wir es uns genauer ansehen.

Passiv-aggressives Verhalten – ein Stimmungskiller

Eine Definition für passiv-aggressives Verhalten zu finden, ist nicht ganz einfach. Grundsätzlich ist dieses Verhalten jedoch durch eine negative Einstellung und durch passiven Widerstand gekennzeichnet. Dieser Widerstand bezieht sich häufig auf soziale Interaktion, Lösungsfindung und Kommunikation. Auffallend ist vor allem auch eine pessimistische Art und Reaktion. Beispiele für ein solches Verhalten sind etwa sarkastische oder ironische

Kommentare, kurze und abweisende Antworten, ein unfreundlicher oder unterkühlter Tonfall, verzogene Gesichtszüge, Ausweichen des Blickkontaktes oder – als genaues Gegenteil – grimmiges Anstarren, brummende Geräusche, die eindeutig auf eine verstimmte Haltung hindeuten, oder eine pessimistische Wortwahl.

Man erkennt den Verstimmten ihren Unmut zweifellos an – sie verziehen das Gesicht oder antworten knapp und abweisend. Doch sie sagen nicht direkt, was los ist. Das macht es so schwierig, damit umzugehen.

Passiv-aggressivem Verhalten geht meistens ein bestimmtes Ereignis voraus, das bei dem Betreffenden für Unmut gesorgt hat, oder eine generelle Unzufriedenheit, sei es mit einer anderen Person oder mit der Situation.

Als Grund für dieses destruktive Verhalten wird vor allem mangelndes Selbstvertrauen gesehen. Menschen, die sich passiv-aggressiv verhalten, fühlen sich in der Regel nicht in der Lage, einen Konflikt auf andere Weise zu lösen. Sie verhalten sich nicht offensichtlich aggressiv und schon gar nicht lösungsorientiert, denn sie haben ihre Gefühle schlecht unter Kontrolle und fühlen sich in einer direkten Konfrontation unterlegen. Sie sehen sich nicht dazu imstande, einen Konflikt zu gewinnen, oder sie fürchten die Reaktion des Gegenübers. Daher wählen sie einen anderen Weg, ihren Unmut auszudrücken. Hierbei kommen nicht nur Ärger und Wut ins Spiel, sondern auch Gefühle wie Frustration und Sorge.

Passiv-aggressives Verhalten muss nicht immer die Folge eines innerlichen Wutausbruchs sein. Häufig zeigt sich so auch die Angst vor einer Situation.

Warum ist der Umgang mit passiv-aggressivem Verhalten so schwierig?

Passiv-aggressive Menschen sind im Umgang nicht leicht. Nicht nur im Privatleben, auch im beruflichen Umfeld – oder sogar gerade dort – ist ihr Verhalten ausgesprochen schädlich. Häufig machen sie es ihren Mitmenschen zunächst sehr schwer, ihren Unmut überhaupt zu erkennen. Es dauert nicht selten eine Weile, bis ein Freund oder Kollege realisiert, dass jemand über ein Ereignis oder eine Gesamtsituation verärgert ist. Signale wie abweisendes Verhalten und knappe Antworten könnten schließlich zahlreiche Gründe haben. Wenn dir jemand nur kurz angebunden antwortet, denkst du nicht immer sofort daran, dass er wütend auf dich ist, oder? Es kann ja sein, dass die Person gerade einfach keine Zeit hat. Vielleicht ist sie schlichtweg gestresst oder in Gedanken noch ganz woanders. Es dauert daher oftmals eine Weile, bis ein Mensch das passiv-aggressive Verhalten eines anderen als solches wahrnimmt. Bis dahin empfindet er das destruktive Verhalten wahrscheinlich dennoch als unhöflich oder nicht hilfreich.

Selbst wenn das passiv-aggressive Verhalten dann erkannt wurde, wissen die betroffenen Mitmenschen immer noch nicht, was der Grund für das Verhalten ist. Sie fragen sich nicht selten sogar, ob es ein grundlegendes Missfallen an der eigenen Person ist. Und egal, wie lange sie darüber philosophieren, welchen Auslöser es für dieses Verhalten gab, Gewissheit bekommen sie nicht, solange sie nicht wirklich mit dem passiv-aggressiven Menschen reden. Doch das Gespräch sucht man oftmals vergeblich. Selbst auf Nachfrage reagieren viele passiv-aggressive Menschen abweisend, ablehnend oder ausweichend. Freundschaften und Familienbeziehungen können unter dieser Kommunikationsart sehr leiden. Auch das kollegiale Miteinander verschlechtert sich.

Merkmale von passiv-aggressivem Verhalten

Passiv-aggressives Verhalten kann im Grunde bei jedem Menschen vorkommen. Manche Persönlichkeiten neigen jedoch besonders stark dazu. Solange sich solche Vorfälle nicht häufen, ist es auch nicht weiter schlimm. Es kann bei jedem Menschen mal vorkommen, dass die Kraft für eine anständige Auseinandersetzung fehlt oder dass man sich noch nicht sicher ist, wie man das Ärgernis am besten anspricht. Das Verhalten darf jedoch, um gutes Miteinander zu gewährleisten, kein Dauerzustand werden.

Wenn du lernen möchtest, mit passiv-aggressivem Verhalten umzugehen, ist es zuerst wichtig, das Verhalten als solches zu erkennen und im Anschluss zu unterscheiden, ob es sich um eine einmalige Situation oder um einen Dauerzustand handelt. Letzteres erkennst du an diesen Merkmalen:

Schlechte Arbeitsmoral

Menschen mit einer passiv-aggressiven Persönlichkeit sind in der Regel schlechte Arbeitskollegen. Ungeliebte Aufgaben meiden sie nach Möglichkeit oder sie lassen sich viel Zeit, um sie zu erledigen. Augen zu und durchbeißen? Die Strategie scheinen sie nicht zu kennen. Auch die Qualität der Arbeit lässt bei solchen Aufgaben nach. Nicht selten reden sie sich in dem Zusammenhang auch selbst schlecht und behaupten beispielsweise, dass ihnen Aufgaben auferlegt würden, die für sie nicht lösbar seien. Der Hintergrund ist nicht nur eine schmollende Unlust, sondern Taktik: Sie hoffen, dass sich zukünftig Kollegen finden, die die ungeliebten Aufgaben übernehmen. Oftmals gelingt ihnen das auch, da sich andere denken, die Arbeit könne so schneller und besser erledigt werden. Für die passiv-aggressiven Persönlichkeiten ein einfaches Spiel: Sie erreichen ihr Ziel ganz ohne direkte Konfrontation oder Bitten. Langfristig gesehen führt das jedoch zu einem (berechtigten) Ungerechtigkeitsempfinden bei den Kollegen, die sich gutmütigerweise der Arbeit annehmen.

Das Vermeiden direkter Konfrontation

Passiv-aggressive Menschen sprechen nie gezielt an, was sie gestört hat, sie versuchen nicht, die Probleme auszudiskutieren und Lösungen zu finden. Stattdessen verhalten sie sich abweisend und missmutig. Oftmals gehen sie den anderen aus dem Weg, verlassen den Raum und schmollen. Nicht selten versuchen sie auch gezielt, bei anderen ein schlechtes Gewissen zu wecken. Bei vielen hochsensiblen Menschen funktioniert dieses Verhalten leider nur allzu gut.

Diese Personen tun ihre Meinung übrigens trotzdem verbal kund – nur eben nicht bei den Menschen, die betroffen sind. Stattdessen erzählen sie lieber allen anderen, was der Kollege oder die Bekannte ihrer Meinung nach falsch gemacht hat. Dadurch wird die Stimmung meistens insgesamt schlechter.

Rachsucht

Passiv-aggressive Personen lassen sich selten etwas gefallen, ohne es sich zu merken. Sie vergessen ihren Frust nicht so leicht, auch wenn sie eine Weile so tun als ob. Stattdessen planen sie ihre Rache und erinnern sich auch sehr lange Zeit noch an die vermeintlichen Ungerechtigkeiten, die ihnen widerfahren sind.

Termine, die sie nicht interessieren, nehmen sie nicht wahr

Meistens behaupten sie, sie hätten es vergessen: das Treffen mit dem Bekannten, den sie gar nicht wiedersehen wollten, die Fortbildung, zu der sie erscheinen wollten, die Deadline, die sie für unnötig befunden haben. Passiv-aggressive Personen meiden Verpflichtungen, die ihnen selbst unnötig, unwichtig oder ungeliebt erscheinen.

Kennst du einen solchen Menschen, der immer die Dinge vergisst, auf die er sowieso keine Lust hatte?

Manipulationstechniken

Passiv-aggressive Menschen manipulieren ihre Mitmenschen gern. Dazu gehört zum Beispiel schmollendes Verhalten oder Sich-selbst-schlecht-Reden. Wer dauernd Dinge sagt wie »Die

Aufgabe ist zu schwierig für mich, ich habe keine Grundkenntnisse in diesem Bereich«, »Ich werde an dem Projekt noch die ganze Nacht sitzen müssen« oder wer Verzweiflung zur Schau stellt, der versucht meistens, die anderen dazu zu bringen, ihm Arbeit abzunehmen. Ähnliches Verhalten ist natürlich auch in jedem anderen Lebensbereich erkennbar. Anstatt ihre Mitmenschen freundlich um etwas zu bitten oder sie nach etwas zu fragen, versuchen passiv-aggressive Persönlichkeiten, ihre Mitmenschen so zu manipulieren, dass diese ihnen von allein unter die Arme greifen.

Impuls: Du kannst dich dagegen wehren

Es gibt ein paar einfache Verhaltensstrategien, mit denen es dir gelingen kann, dich gegenüber passiv-aggressiven Menschen richtig zu verhalten. Auf diese Weise kannst du emotionale Verletzungen vermeiden.

- ◇ **Das Verhalten hat nichts mit dir zu tun.** Mach dir bewusst, dass es nicht an dir oder deiner Leistung liegt, wenn jemand dir gegenüber passiv-aggressiv reagiert. Diese Menschen haben es vielleicht nicht anders gelernt oder schaffen es aufgrund irgendwelcher anderer Sorgen nicht, ihrem Frust besser Luft zu verschaffen. Sie können nicht auf freundliche Art ausdrücken, wenn ihnen etwas missfällt, und reagieren deshalb passiv-aggressiv. Direkte Kommunikation scheuen sie grundsätzlich. Nimm dir dieses Verhalten nicht zu sehr zu Herzen.
- ◇ **Lass dich nicht manipulieren.** Wenn du erkennst, dass das Verhalten und die Manipulation häufiger vorkommen, dann reagiere einfach nicht darauf. Lass dich nicht unter Druck setzen – wenn jemand ein Problem mit dir oder

deinem Verhalten hat, soll er es direkt bei dir ansprechen. Mach das ruhig auch immer wieder klar. Lass dich nicht unter Druck setzen, wenn die Person versucht, dir ein schlechtes Gewissen einzureden. Und lass dich nicht darauf ein, ihr Arbeit abzunehmen, wenn du dafür selbst Überstunden machen musst, nur weil du ihr manipulatives Gestöhne und Gejammer im Büro wahrnimmst.

◇ **Nutze eine klare Kommunikation.** Lerne, passiv-aggressiven Personen stark und selbstbewusst entgegenzutreten. Sie scheuen meistens eine direkte Konfrontation, doch du solltest immer klarmachen, dass man mit dir offen sprechen kann. Teile ihnen ruhig mit: »Wenn du ein Problem oder Kummer hast, sage es mir bitte direkt. Ich bin für Kritik und ein Gespräch jederzeit offen. Ich mag es nur nicht, wenn man sich über mich ärgert, ohne es anzusprechen.« Wenn du Freunde hast, die sich ständig so verhalten, sage ihnen auch deine Meinung. Gib ihnen die deutliche Botschaft, dass ihr Verhalten nicht in Ordnung ist, aber bleibe freundlich. Mit selbstbewusster, höflicher und direkter Art trittst du ihnen bestmöglich entgegen. Oftmals merken die betroffenen Menschen gar nicht, wie schädlich ihr Verhalten im gegenseitigen Austausch ist. Erst wenn es ihnen direkt vor Augen geführt wird, erkennen sie, was passiert.

Mit ein wenig Geduld kannst du für dich geeignete Strategien finden, passiv-aggressivem Verhalten gekonnt zu begegnen. Das Miteinander kann davon sowohl im privaten als auch im beruflichen Kreis profitieren. Du wirst mit der Zeit immer weniger unter Seelenwunden zu leiden haben.

Ein destruktives Arbeitsumfeld

*»Bevor nicht in dir selber Ordnung herrscht,
kann es keine Ordnung in der Welt geben. Das Unwissen
ist die Krankheit, die einem unwissenden Verstand anhaftet.
Heile deinen Verstand, und er wird aufhören, verzerrte,
hässliche Bilder zu produzieren.«*

NISARGADATTA MAHARAJ

Alle Jobs bringen ein gewisses Maß an Stress mit sich. Wenn dich dein Job jedoch müde, depressiv oder sogar körperlich krank werden lässt, ist dies mehr als nur allgemeiner Arbeitsstress. Dies sind Anzeichen für ein destruktives Arbeitsumfeld.

Wir haben alle schlechte Montage, herausfordernde Wochen und sogar enttäuschende Monate. Das ist der normale Verlauf einer Karriere. Für gewöhnlich schaffst du es jedoch ohne größere Probleme, einen unangenehmen Montag zu überstehen, eine stressige Woche zu meistern oder aus einem enttäuschenden Quartal einige wertvolle Lektionen mitzunehmen.

In einem destruktiven Arbeitsumfeld werden all diese Herausforderungen aber ohne Unterbrechung wiederholt. Solche Arbeitsverhältnisse führen zu Unruhe, Konkurrenz, niedriger Arbeitsmoral, ständigem Stress, Negativität, Krankheit und sogar Mobbing. Sie folgen dir bis nach Hause. Sie übernehmen die Regie in den Gesprächen mit deinen Lieben, stehlen dir deinen dringend benötigten Schlaf und verursachen ganz allgemein Sorgen und Stress.

Eine destruktive Arbeitsumgebung kann zu einem Burnout und schwerwiegenden Störungen in deinem normalen Leben führen.

Ein destruktives Arbeitsumfeld kann jede Arbeitsstelle beschreiben, bei der die Arbeit, die Atmosphäre, die Menschen oder eine Kombination dieser Dinge den Rest deines Lebens ernsthaft beeinträchtigen. Daraus resultierende Störungen können sich in einer Vielzahl von körperlichen und seelischen Symptomen bemerkbar machen. Dazu gehören schlaflose Nächte, ein ständiges Gefühl der Wachsamkeit, verschwitzte Handflächen und ein rasender Herzschlag. Darüber hinaus hat ein destruktives Arbeitsumfeld negative Auswirkungen auf deine Gesundheit, die sich auch auf dein persönliches Leben auswirken können, indem sie nicht nur dein Selbstwertgefühl, sondern auch deine zwischenmenschlichen Beziehungen schädigen oder belasten.

Für gewöhnlich ist unser Körper sehr geschickt darin, uns wissen zu lassen, dass es eine Gefahr gibt, mit der wir uns auseinandersetzen sollten. Es gilt also, hier besonders aufmerksam zu sein. Stelle dir regelmäßig die nachfolgenden Fragen, um einschätzen zu können, ob dein Arbeitsumfeld gegebenenfalls negative Auswirkungen auf dich und dein Leben hat:

◇ **Schläfst du regelmäßig** mindestens acht Stunden?
◇ **Wie ist dein Schlaf?** Leidest du eventuell unter Albträumen?
◇ **Wie isst du?** Bist du vielleicht oft zu gestresst, um die Mahlzeiten einzuhalten, oder neigst du dazu, aus Frust zu essen?
◇ **Fühlst du dich** zu Hause und auch bei der Arbeit **sicher?**

Wenn die Antworten auf diese Fragen bereits Warnsignale auslösen, ist es an der Zeit, dein Arbeitsumfeld näher zu betrachten und die genauen Ursachen zu bestimmen, die für die negativen Auswirkungen auf deine Gesundheit und dein allgemeines Wohlbefinden verantwortlich sind.

Anzeichen für Destruktivität am Arbeitsplatz

Es gibt eindeutige Hinweise darauf, dass du dich in einer destruktiven Arbeitsumgebung befindest. Schon einzelne der im Folgenden aufgezählten Umstände sprechen dafür, umso eher noch, wenn mehrere zusammenkommen.

Übermäßige Fehlzeiten durch Krankheit der Mitarbeiter
Ein destruktives Arbeitsumfeld führt zu Burnout, Müdigkeit und Krankheit der Mitarbeiter. Dies ist bedingt durch hohen Stress, der Körper und Seele belastet. Es gibt grundsätzlich einen überdurchschnittlich hohen Krankenstand bei den Mitarbeitern oder sie kommen sogar krank zur Arbeit.

Narzisstische Führung
Deine Vorgesetzten verlangen, dass du ihnen grundsätzlich zustimmst, ihnen recht gibst, selbst wenn sie über den Regeln stehen. Sie erwarten außerdem, dass alle anderen perfekt sind, während sie selbst einen niedrigeren Standard erfüllen können.

Wenig bis gar keine Begeisterung bei der Arbeit
Beobachte deine Kollegen im Büro. Ist jemand glücklich, dort zu arbeiten, und hat jemand ein Lächeln auf dem Gesicht? Sind die Gespräche zwischen den Kollegen positiv und optimistisch? Beantwortest du diese Fragen mit einem »Nein«, kannst du davon ausgehen, dass an deinem Arbeitsplatz eine destruktive Atmosphäre überwiegt. Auch wenn allgemeines Schweigen herrscht, spricht das dafür.

Mangel an Kommunikation oder negative Kommunikation
Du und deine Kollegen bekommen nicht die notwendigen Informationen, um eure Arbeit zufriedenstellend zu erledigen. Ihr arbeitet hart, erhaltet jedoch niemals positives Feedback oder

Anerkennung für eure Leistungen, sondern es wird eher von euch erwartet, dankbar zu sein, überhaupt einen Job zu haben. Allenfalls werden die Mitarbeiter kritisiert.

Hohe Fluktuationsrate

Es gibt im Arbeitsumfeld nichts außer einem gestörten Betrieb, eine schlechte Moral oder Krankheit und die Mitarbeiter verlassen diesen Betrieb schnell wieder und suchen sich einen neuen Job. Dein Unternehmen oder deine Abteilung weist eine besonders hohe Fluktuationsrate auf.

Gruppenbildung, Klatsch und Gerüchte

Jeder scheint für sich selbst zu sein und es gibt keinen freundschaftlichen Umgang zwischen den Mitarbeitern, stattdessen regelmäßig Konflikte sowie Klatsch unter den Kollegen und Gerüchte, die weitergetragen werden. Perfekte Anzeichen für ein destruktives Arbeitsumfeld.

Keine Möglichkeit für persönliche Weiterentwicklung

Bietet dein Arbeitsplatz keine Mobilität, keine Fortbildungsmöglichkeiten oder Unterstützung in Form von Mentoring, wird in deinem Unternehmen wahrscheinlich nicht in das individuelle Wachstum der Mitarbeiter investiert. Wenn du erkennst, dass du keine Möglichkeit zur Weiterentwicklung und damit keine Perspektive für die Zukunft hast, zeigt dir dies, dass du dich in einem ungesunden Arbeitsumfeld befindest.

Keine Work-Life-Balance

Es wird von dir erwartet, auch nach Feierabend erreichbar zu sein, und du liest selbst abends deine E-Mails? Du hast keine Zeit, einen Arzttermin zu vereinbaren, und kommst nicht dazu, deine verdienten Urlaubstage zu nehmen? In dem Fall fehlt es an deinem Arbeitsplatz an einer ausgewogenen Work-Life-Balance, was es dir unmöglich macht, ein erfülltes Leben außerhalb der Arbeit zu führen. Manchmal kommen die Dinge zu ungünstigen Zeiten, dein Arbeitgeber erwartet jedoch von dir, dass du zu jeder Zeit für die Arbeit zur Verfügung stehst.

Was du konkret unternehmen kannst

Einen neuen Job zu finden, kann durchaus Zeit in Anspruch nehmen und wird dir vermutlich nicht sofort dabei helfen, aus dieser schwierigen Situation herauszukommen. Daher ist es hilfreich, wenn du eigene Wege entwickelst, um mit deinem problematischen Arbeitsumfeld umzugehen, bis du anderswohin wechseln kannst.

Zunächst ist es wichtig, dass du Menschen an deinem Arbeitsplatz findest, denen es genauso geht wie dir. Versuche Freundschaften aufzubauen und Verbündete mit ins Boot zu holen, damit ihr gegenseitig aufeinander achten und gegebenenfalls Neuigkeiten untereinander austauschen könnt.

Gestalte deinen Feierabend so, dass du Stress abbaust. Du kannst ins Fitnessstudio gehen, in der Natur zur Ruhe kommen oder dir ein neues Hobby suchen. Der Sinn ist, dass dir zumindest außerhalb der Arbeit ein erfülltes Leben möglich ist, wenn du schon im Büro alltäglich einem Drama ausgesetzt bist.

Fang auch damit an, Listen zu erstellen, beispielsweise der Schritte, die du als Nächstes gehen willst, oder der Aufgaben, die du erledigen möchtest. Solche Listen können dich dabei unterstützen, dich komplett auf deine Aufgaben anstatt auf die destruktive Atmosphäre deines Arbeitsumfeldes zu konzentrieren, und können dir jeden Tag neue Motivation schenken.

Sobald du eine destruktive Person in deinem beruflichen Arbeitsumfeld identifiziert hast, schütze dich vor ihr, um zu verhindern, dass du und die Atmosphäre an deinem Arbeitsplatz weiter darunter leiden. Gehe diesem Kollegen nach Möglichkeit aus dem Weg oder halte so gut es geht Distanz. Eine Zusammenarbeit sollte ausschließlich auf konstruktiver Ebene stattfinden und keinen übermäßigen sozialen Kontakt beinhalten. Reflektiere vor und nach jeder Begegnung, inwieweit es sich um eine eventuell gestörte, auf jeden Fall destruktive Persönlichkeit handelt, und lege Gesprächspausen ein, sollte sich eine Begegnung unangenehm entwickeln. Triff die bewusste Entscheidung, dass du nicht zum Spielball der betreffenden Person werden willst, und lass dich weder von ihr verletzen noch verunsichern. Dieser Arbeitskollege kann dir bestenfalls dazu dienen, dir deine eigenen Stärken und Schwächen aufzuzeigen, indem du dich selbst beim Umgang mit ihm oder ihr beobachtest und mögliches Verbesserungspotenzial analysierst.

Umgib dich so oft wie möglich mit positiven Menschen und suche dir bei eventuellen negativen Veränderungen wie Selbstzweifeln oder depressiven Stimmungen bei Bedarf professionelle Hilfe.

Je früher du lernst, einer destruktiven Person nicht die Macht zu erteilen, über dein Wohlbefinden zu entscheiden, desto besser kannst du dich auf dich und deine Arbeit konzentrieren.

Impuls: Ganz praktische Maßnahmen

Dokumentiere deine gesamten Arbeitsvorgänge. Speichere deinen E-Mail-Verkehr und notiere dir Kommentare und Entscheidungen aus Besprechungen, Telefonanrufen und jedem Gespräch, das du in deinem Arbeitsalltag führst. Solltest du in die Lage kommen, eine Beschwerde einreichen zu müssen, hast du dadurch die nötigen Nachweise, um deine Behauptung zu belegen und zu stützen.

Plane eine Ausstiegsstrategie. Zwar besteht die Möglichkeit, dass sich die Dinge an deinem Arbeitsplatz verbessern. In dem Fall kann es sinnvoll sein, wenn du bleibst. Während du auf eine Änderung der Situation wartest, solltest du dich jedoch bereits nach einem neuen Job umschauen. Dies wird dir zusätzlich dabei helfen, in besonders schwierigen Momenten optimistisch zu bleiben.

Ist die Situation an deinem Arbeitsplatz jedoch dermaßen toxisch, dass es für dich psychisch und physisch unmöglich ist, weiterhin deinem Job nachzugehen, ziehe in Betracht, erst einmal einen Brückenjob für den Übergang zu suchen, der dich beschäftigt, bis du einen wirklich passenden Arbeitsplatz gefunden hast, der nicht nur eine angenehme Atmosphäre bietet, sondern auch deinen Karrierewünschen entspricht. So wird dein nächster Job an einem Ort stattfinden, an dem du wirklich gern arbeitest.

Destruktive Emotionen

»Der Arzt verbindet deine Wunden.
Dein innerer Arzt aber wird dich gesunden.
Bitte ihn darum, sooft du kannst.«
PARACELSUS

Ja oder Nein zu sagen, ist eine Entscheidung. Jede einzelne Entscheidung bildet einen Baustein für die Grundlage des Lebens, das du führen willst. Wenn du nicht genau weißt, was du willst, und dich nach anderen richtest, zu oft Ja sagst aus Angst vor Ablehnung, dann wirst du über kurz oder lang die Kontrolle über dein Leben verlieren. Klingt dramatisch? Ist es auch.

Die Angst vor Ablehnung

So entsteht destruktive Angst vor Ablehnung, die nach und nach deine Seele vergiftet. Das Leben eines jeden Einzelnen von uns birgt viele grandiose Möglichkeiten, Chancen und Optionen. Natürlich musst und kannst du nicht jede davon ergreifen. Vor allem dann nicht, wenn es letztlich die Optionen anderer Menschen sind. Du hast die Wahl, Nein zu sagen, wenn das, was jemand anders von dir erwartet, nicht zu deinem Leben passt, sondern ganz im Gegenteil eher dazu geeignet ist, dir eine Seelenwunde zuzufügen.

Kein Mensch der Welt ist in der Lage, es jedem recht zu machen. Es wird immer jemanden geben, der mit der Entscheidung eines anderen nicht einverstanden ist. Das Risiko, dass bestimmte Entscheidungen, die du triffst, bei einigen Mitmenschen möglicherweise nicht gut ankommen, ist daher durchaus gegeben. Willst du mit deinen Entscheidungen gefallen oder ist es dir wichtiger, dir selbst treu zu bleiben? Willst du um einer scheinbaren Harmonie willen deine eigenen Bedürfnisse hintanstellen? Wann willst du beginnen, deinen eigenen Weg zu gehen anstatt den, den andere Menschen dir vorgeben? Mitläufer führen letztlich kein eigenes Leben. Jasager, die glauben, mit ihrer Zustimmungsbereitschaft mehr Anerkennung und Zuwendung zu erhalten, irren sich. Sie vermeiden damit lediglich Konflikte, werden jedoch auf lange Sicht unglücklich.

Nein zu sagen, mag dir zwar in vielen Situationen schwerer erscheinen. Langfristig betrachtet wirst du dadurch aber ein eigenständigeres und damit weitaus einfacheres, freieres Leben haben. Wer Nein fühlt, aber es nicht sagt, der hat die Kontrolle verloren. Ja, das mag ein harter Satz sein. Aber spür mal genau hin, wie viel Wahrheit in ihm liegt.

Um die Angst vor Ablehnung zu überwinden, kannst du unterschiedliche Methoden nutzen. Ich stelle dir hier einige vor. Selbst wenn manche davon auf den ersten Blick recht rabiat erscheinen, so sind sie überaus effektiv. Es ist leichter, als du glaubst!

Kleine Herausforderungen für dich selbst

Du kannst dich quasi abhärten, indem du dich ganz gezielt den Zurückweisungen anderer Menschen aussetzt. Finde für dich kleine, aber wirksame Herausforderungen: Situationen, von denen du ausgehen kannst, dass du durch sie mit Ablehnung konfrontiert bist. Bitte einen Menschen um irgendetwas, wo du sicher sein kannst, eine Absage zu bekommen. Denn genau darum geht es.

Je häufiger du eine solche Negativantwort erhältst, desto leichter wird es dir fallen, damit umzugehen.

Was passiert in dir, wenn du dir Situationen vorstellst, in denen du dir ein Nein abholst? Fühlst du Angst oder auch eine

Art Nervenkitzel und den Wunsch, das mal auszuprobieren? Sei sicher: Ablehnung ist viel weniger schlimm, als du es dir vorstellst. Wer bereit ist, sich in Situationen zu begeben, in denen er eine Abfuhr bekommt, stärkt seine Resilienz. Wer sich an Ablehnung mehr und mehr gewöhnt, nimmt ihr den Stachel und die destruktive Angst verschwindet.

Mach mal etwas »Unmögliches«

Es gibt Dinge, die »tut man einfach nicht«. Zum Beispiel, sich spontan in einem Einkaufszentrum für mehrere Minuten flach auf den Boden zu legen. Wer sich dieser Aufgabe stellen soll, reagiert meist aus dem Bauch heraus extrem ablehnend. Der Grund dafür ist die Angst vor der Reaktion durch andere Menschen. Sicherlich wird dich der eine oder andere für komplett verrückt halten, wenn du dich im Einkaufszentrum auf den Boden legst. Selbst wenn du dich damit zu beruhigen versuchst, dass dich die meisten Besucher überhaupt nicht kennen und dass du sie wohl auch niemals im Leben wiedersehen wirst, kann das die Scheu vor dieser Übung wohl kaum mindern.

Es gibt allerdings tatsächlich Menschen, die ebendiese Übung absolvieren. Und sie stellen hernach überrascht fest, dass ein Großteil der Anwesenden sie überhaupt nicht wahrnimmt. Einige andere blicken ein bisschen verwundert herüber. Und manch einer gibt einen belustigten Kommentar ab. Das war's. Wirklich beängstigende Aussichten sind das wahrlich nicht. So lapidar diese Erkenntnis anmutet, so sehr macht sie gleichzeitig deutlich, wie stark die Angst vor Ablehnung die meisten Menschen in ihrem Leben beeinträchtigt.

Destruktive Angst vor Ablehnung hemmt und drosselt die Kreativität. Sie hindert uns Menschen daran, Chancen wahrzunehmen, sie zu ergreifen und etwas zu riskieren. Die oft unbegründete Angst vor Ablehnung führt nur dazu, dass du deine persönlichen Wünsche und Träume vernachlässigst und damit deine Lebensfreude aufs Spiel setzt. Du verzichtest damit darauf, deine Ziele zu verwirklichen, und all das nur, um anderen zu gefallen. Oder zumindest einem Teil der anderen.

Angst ist normalerweise ein Warnsignal. Schon vor Jahrtausenden profitierten die Menschen davon, Angst zu haben. Wurde in Gefahrensituationen – etwa weil ein gefährliches Tier in der Nähe war – Adrenalin ausgeschüttet und das Gehirn damit in Alarmbereitschaft versetzt, war das ein deutliches Indiz dafür, dass umgehendes Handeln angesagt war. Die Angst hatte also die Funktion eines Lebensretters. Wer aber nicht auf die Angst reagiert und sich entsprechend schützt, der geht ein erhebliches Risiko ein. Wenn du dich deiner Angst nicht stellst, wirst du weiter zu den Menschen gehören, die sich in Gefahr begeben. Gelingt es dir aber, dich deinen Ängsten zu stellen und somit auch deine Angst vor Ablehnung zu überwinden, wirst du schon bald die Oberhand gewinnen – und damit auch die Kontrolle über dein Leben zurückerlangen.

Menschen, die in der Lage sind, ihre Ängste zu bekämpfen, und sich Gefahrensituationen stellen, sichern sich den Respekt ihrer Mitmenschen.

Impuls: Zeige Mut und Stärke

Lass dich auf ein Experiment mit dir selbst ein. Wann immer du dich unwohl fühlst, weil jemand eine andere Meinung vertritt als du, denke daran, dass Konfrontation dein persönlicher Lebensretter sein kann. Beweise Mut und Stärke und schwimme gegen den Strom, wenn es deinem Bedürfnis entspricht.

Den Mutigen gehört die Welt

Falls es dir am Anfang noch schwerfällt, deine destruktive Angst vor der Ablehnung durch andere zu überwinden, setz dir kleine Meilensteine. Du musst dich ja nicht gleich in einem Einkaufszentrum auf den Boden legen. Mit einfachen Übungen, durch Rollenspiele mit vertrauten Personen, ist es möglich, dein Selbstvertrauen sukzessive zu stärken. Beobachte dich selbst und schau öfter mal in den Spiegel. Erfahre so, wie du in bestimmten Situationen auf andere wirkst, und versuche, durch eine aufrechte Haltung, einen offenen Blick und eine feste Stimme die Menschen für dich einzunehmen. Je häufiger du diese Übungen absolvierst, desto leichter wird dir dieses Training in Fleisch und Blut übergehen.

Lerne, dich selbst zu akzeptieren. Dann werden es auch die anderen tun. Versprochen!

Hilflosigkeit

Sich selbst immer wieder hilflos und ohnmächtig zu fühlen, kann auf Dauer zu einer Art inneren Lähmung führen. Wenn dieser Zustand zu einer Konstante im Leben wird, ist destruktive Hilflosigkeit entstanden. Da sie durch negative Erfahrungen erlernt wurde, spricht man auch von erlernter Hilflosigkeit.

Eine Studie aus dem Jahr 1974, von der ich gleich ausführlicher erzähle, konnte nachweisen, dass große Ähnlichkeiten zwischen der Depression eines Menschen und der durch Schmerzen, Angst und Krankheit in Laboren hervorgerufenen Hilflosigkeit bei Tieren bestehen. Auch der depressive Mensch fühlt sich dem Leben oder Situationen nicht gewachsen, hilflos, machtlos. Natürlich wirkt die erlernte Hilflosigkeit erschreckend und der Kampf dagegen aussichtslos. Ist er aber nicht, denn eine erlernte Hilflosigkeit kannst du überwinden.

Wie genau erlernte Hilflosigkeit funktioniert – die man als destruktiv bezeichnen muss –, zeigt sich am Beispiel des Experimentes, das der Psychologe Martin Seligman 1974 mit drei Gruppen von Hunden durchführte. Ziel dieses Experimentes war, die Entstehung von Depressionen zu erforschen, erlernte Hilflosigkeit beim Menschen nachzuweisen und eine Therapie dagegen zu entwickeln. Um die Auswirkung von aversiven (= Widerwillen hervorrufenden) Reizen auf das Verhalten und die Psyche zu untersuchen, fügte Seligman zwei der drei Gruppen Schmerzen durch Elektroschocks zu. Diese Experimente stießen auf geteilte Meinungen, die Studie war stark umstritten. Sie brachten jedoch wichtige Erkenntnisse zur Behandlung von Mikroverletzungen.

Ja, auch ich lehne Tierversuche ab und bin mir sicher, heute würden solche Versuche nicht mehr durchgeführt werden. Die Ergebnisse von damals sind allerdings für zahlreiche Menschen sehr hilfreich.

Der Versuch sah folgendermaßen aus: Eine Gruppe der Hunde erhielt die Elektroschocks, konnte den Schmerzen aber entgehen, indem sie eine Vorrichtung betätigten, die die Elektroschocks abschaltete. Die zweite Gruppe erhielt ebenfalls Elektroschocks, konnte aber nichts dagegen tun, um den Schmerz abzuwenden. Die dritte Gruppe dagegen erhielt keine Elektroschocks.

In der zweiten Phase der Studie versetzte man allen Hunden der drei Gruppen Elektroschocks. Diesmal allerdings gab man allen Hunden die Gelegenheit, sich durch Flucht aus dem Raum vor den Schmerzen zu retten. Das Ergebnis war verblüffend. Während die Hunde, die in Phase eins den Elektroschock mit einem Hebel abschalten konnten, sich relativ schnell in Sicherheit brachten, benötigte die dritte Gruppe, die in Phase eins keine Elektroschocks bekommen hatte, etwas länger, um herauszufinden, dass und wie sie sich retten konnte. Einzig die Hunde der zweiten Gruppe, die in Phase eins des Experimentes den

Elektroschocks nicht entgehen konnten, unternahmen keinerlei Versuch zu fliehen. Sie blieben an ihrem Platz und ließen die Schmerzen resigniert über sich ergehen. Nur selten traute sich einer dieser Hunde, sich selbst zu helfen, und wenn, dann benötigte er dazu viel Zeit.

Menschen reagieren unterschiedlich

Nicht alle Menschen sind gleichermaßen empfänglich für eine erlernte Hilflosigkeit. Manch eine Person, die durch Schicksalsschläge, Gewalt oder Ähnliches Kontrollverlusten ausgesetzt war, reagierte zwar auf die Situationen mit Trauer oder Wut, zeigte allerdings auch nach einiger Zeit keinerlei Form von erlernter Hilflosigkeit. Starke Persönlichkeiten, die sich in ihrem Leben behaupten können, auch im Arbeitsleben, sind selbst nach vielen negativen Ereignissen weniger gefährdet, in den Kreislauf der erlernten Hilflosigkeit zu geraten, als hochsensible und harmoniebedürftige Menschen, die Konflikten und Herausforderungen lieber aus dem Weg gehen.

Erlernte destruktive Hilflosigkeit ist die Bezeichnung für eine Art des Verhaltens, die manche Menschen in bestimmten Situationen entwickeln, zum Beispiel bei Gewalt oder bei Verlusten. Ein klassisches Beispiel für erlernte Hilflosigkeit ist das Verhalten, das viele Frauen in einer gewalttätigen Beziehung zeigen. Versucht die Frau anfangs noch, sich der Bedrohung durch ihren Partner entgegenzustellen, zu verzeihen oder Ausreden zu finden, die das Verhalten des Partners entschuldigen, lernt sie mit der Zeit, dass jede Reaktion auf seine Brutalität eine noch heftigere Reaktion hervorbringt. Jede Gegenwehr verursacht mehr Gewalt,

Nicht nur körperliche Gewalt führt in die erlernte Hilflosigkeit, auch seelische, etwa durch Mobbing oder andere Formen der Unterdrückung einer Person in einer destruktiven Partnerschaft, am Arbeitsplatz, in Schule oder Freizeit.

mehr Leid und noch mehr Trauer. Das führt schließlich zu einer Opferhaltung. In ihrer eigenen Wahrnehmung sehen sich diese Frauen als hilf- und machtlos. Gedanken wie: »Ich kann es ja sowieso nicht ändern« oder »Ich bin zu schwach, um mich zu wehren oder etwas zu ändern« oder sogar eine eindeutige Schuldzuweisung an sich selbst wie: »Ich habe es nicht besser verdient, ich bin an meiner Situation selbst schuld« kommen auf und lassen sich nicht mehr vertreiben.

Betroffene, die in den Kreislauf der destruktiven Hilflosigkeit geraten, resignieren und unternehmen nichts mehr, um an ihrer Situation etwas zu ändern. Experten gehen davon aus, dass speziell die Situationen oder Ereignisse, die die Betroffenen nicht kontrollieren können, zu einer veränderten Erwartungshaltung führen. Sie konnten eine bestimmte Situation nicht kontrollieren, mussten sie hilflos über sich ergehen lassen und befürchten nun, ähnlichen Situationen ebenso hilf- und machtlos ausgeliefert zu sein.

Ausschlaggebend bei der erlernten Hilflosigkeit ist nicht der tatsächliche Kontrollverlust, den du erfährst, sondern eine veränderte Wahrnehmung deiner Person in solchen Situationen.

Wie du die destruktive Hilflosigkeit wieder verlernst

Stell dir dazu eine Frage: Gefällt dir dein Leben so, wie du es jetzt führst, mit den negativen Gedanken, dass du nichts an deiner Situation ändern kannst, dass du zu schwach bist, dass deine Wünsche nicht zählen? Wenn die Antwort Nein lautet, wenn du unter deinem jetzigen Leben leidest, ist es an der Zeit, deine Einstellung zu dir selbst und zu deinem Leben zu ändern.

Wenn du in einer destruktiven Hilflosigkeit feststeckst, heißt das nicht, dass du tatsächlich vollkommen hilflos bist – vielmehr findet das nur in deinen Gedanken statt. Sobald du das erkennst, bist du auf dem richtigen Weg. Es kommt darauf an, dass du deine Gedanken, deine Denkweise überhaupt wieder in eine für dich gesunde Richtung steuerst. Wichtig ist bei dieser Art von konstruktivem Denken jedoch das Maß. Alles nur noch durch eine rosarote Brille zu sehen, alles nur noch positiv zu bewerten, ist vom Ansatz her ebenso falsch wie das negative Extrem: »Alles ist schlecht, ich werde nie etwas ändern können, ich gebe auf!«

Es geht also nicht darum, auf eine naive Art und Weise deine Gegenwart oder Zukunft unrealistisch schönzureden. Nein, es geht darum, dir selbst auf positive Weise klarzumachen, dass du nicht hilflos bist und in deiner jetzigen Situation nicht machtlos ausharren musst. Lass dich von dem Wissen tragen, dass du dein Leben ändern kannst, dass du Kontrolle über den Verlauf der Dinge erlangen kannst. Du musst nur den ersten Schritt wagen.

Für dich bedeutet das, selbst Verantwortung zu übernehmen. Du musst anfangen, Entscheidungen für dich selbst zu treffen und die daraus entstehenden Konsequenzen zu tragen. Wenn du dich in der destruktiven Hilflosigkeit befindest, mag dies erschreckend klingen, nicht machbar. Was, wenn du dich falsch entscheidest, was, wenn du Fehler machst?

Mit diesem Problem bist du nicht allein, denn durch die Hilflosigkeit zögern die Betroffenen aus Angst vor einer Fehlentscheidung ihre nötigen Schritte so lange hinaus, bis sich das Problem entweder von allein löst oder eine andere Person die Entscheidung für sie trifft. Dieses Verhalten hält dich wiederum in deinem Teufelskreis fest, denn Entscheidungen, die von anderen für dich getroffen werden, entsprechen in der Regel nicht dem, was du dir erhofft oder gewünscht hast – du bist also wieder das Opfer.

Niemand ist perfekt, jeder macht Fehler oder trifft einmal eine falsche Entscheidung. Sei mutig!

Du kannst wieder lernen, dass auch du Fehler machen und dass du dir deine Fehler eingestehen darfst und musst. Voraussetzung für eine erfolgreiche Veränderung ist, dass du bereit dazu bist, den ersten Schritt, der dir vielleicht Angst macht, zu wagen: Sei bereit, dein eigenes Leben zu leben, darüber, es zu bestimmen und es so zu führen, dass es dir entspricht.

Scham

Wir alle empfinden manchmal Scham. Sie ist unangenehm, hilft uns aber, die Grenzen unseres Wohlempfindens und Verhaltens zu erkennen und einzuhalten. Doch nicht immer bleibt die Scham selbst innerhalb gesunder Grenzen. Viele hochsensible und vielbegabte Menschen entwickeln ein übergroßes Schamgefühl vor allem durch ihr »Anderssein«. Wenn die Scham zum Dauerzustand wird oder zu intensiv auftritt, wird sie destruktiv und kann das ganze Leben beeinträchtigen. Doch wie kannst du destruktive Scham von einem gesunden Schamgefühl unterscheiden? Wo liegen die Grenzen der Scham und wie kannst du zu einem gesunden Schamgefühl zurückfinden, wenn du erkennst, dass du an destruktiver Scham leidest?

Ein gesundes Schamgefühl hilft uns, die eigenen Fähigkeiten richtig einzusetzen. Es macht uns darauf aufmerksam, wenn eine Aufgabe unsere Kenntnisse übersteigt und wir Hilfe benötigen. So verhindert es, dass wir uns durch Selbstüberschätzung gefährden. Es warnt uns, wenn wir Gefahr laufen, überfordert zu werden. Insofern ist das Schamgefühl also auch mit dem Selbstvertrauen verwandt. Ein gesundes Selbstvertrauen ist die Grundlage für die stimmige Einschätzung unserer Leistungsgrenzen und somit für das Eingreifen der Scham zum richtigen Zeitpunkt. Entsprechend darf dich ein gesundes Schamgefühl nicht daran hindern, gegenüber einem anderen Menschen einzugestehen, dass du etwas nicht kannst, und ihn darum zu bitten, dir zu helfen oder die Aufgabe einem anderen zu übertragen.

Was ist destruktive Scham?

Destruktive Scham besteht dann, wenn die Einschätzung der Grenzen aus dem Gleichgewicht geraten ist. Dann tritt das Schamgefühl auch auf, wenn du etwas tust, was von deinen Mitmenschen als vollkommen in Ordnung betrachtet wird. Anstatt dich gelegentlich zu schämen, wenn du eine Grenze überschritten hast, schämst du dich fast ständig. Im schlimmsten Fall denkst du nicht, dass du einen Fehler gemacht hast, den du in Zukunft nicht wiederholen solltest, sondern empfindest dich selbst als einen Fehler. Du hast das Gefühl, dass vieles an dir unzulänglich ist und andere Menschen dich verachten könnten. Du glaubst beispielsweise, dass du es nicht wert bist, geliebt oder für deine Arbeitsleistung angemessen bezahlt zu werden. Dieser Zustand macht es dir unmöglich, deine Grenzen richtig einzuschätzen und dich an ihnen zu orientieren. Das kann sich nach außen in einem niedrigen Selbstwertgefühl zeigen oder Perfektionismus ausdrücken.

Destruktive Scham und Selbstwert

Es ist vollkommen normal, wenn du dich in manchen Bereichen deines Lebens sicherer und wertvoller fühlst als in anderen. So bist du am Anfang deines Berufslebens zum Beispiel ein wenig unsicher, was deine Arbeitsleistung betrifft. Du hast noch keine Erfahrung und siehst, dass deine Kollegen die dir gestellten Aufgaben schneller oder besser erledigen können als du. Ein gesunder Selbstwert sagt dir aber auch, dass das eben an der größeren Erfahrung der Kollegen liegt und du mit der Zeit genauso gut werden wirst wie sie. Destruktive Scham führt hingegen dazu, dass du dich in allen Lebensbereichen unterlegen fühlst oder erwartest, dass du immer schlechter als die anderen bleiben wirst.

Destruktive Scham und Abhängigkeit

In einer gesunden Beziehung zwischen zwei Menschen ist es vollkommen normal, dass man sich der Bedürfnisse und Wünsche des anderen bewusst ist und gelegentlich die eigenen Wünsche zurückstellt, so wie man es umgekehrt auch vom anderen erwarten darf. Wenn du aber dabei deine eigenen Bedürfnisse über den Wünschen einer anderen Person vergisst oder darauf abzielst, nur noch Lob, Bestätigung und Aufmerksamkeit von deinem Partner oder deiner Partnerin zu bekommen, hast du deine eigenen Bedürfnisse und deinen Selbstwert aus den Augen verloren. Dann bist du abhängig vom Feedback von außen, um dich selbst positiv wahrnehmen zu können.

Destruktive Scham und Perfektionismus

Beim Perfektionismus entsteht ein Teufelskreis. Wenn du dich unzulänglich fühlst, gehst du davon aus, dass andere Menschen bessere Leistungen erbringen als du und du daher deine Leistung optimieren musst, um den Ansprüchen zu genügen. Du setzt dir selbst unrealistisch hohe Leistungsziele, die die Grenzen deiner Fähigkeiten übersteigen. Bei jeder kleinen Kritik am Ergebnis und jedem Fehler, den du entdeckst, hast du das Gefühl, versagt zu haben, und legst die Messlatte noch etwas höher. So übersteigen deine Erwartungen an dich selbst bald auch die Fähigkeiten von anderen, die möglicherweise zu Anfang tatsächlich etwas besser waren als du. Du musst zwangsläufig immer wieder versagen und hast keine Erfolgserlebnisse mehr. Dadurch sinkt dein Selbstwertgefühl immer weiter und die destruktive Scham wächst.

Die Ursache der destruktiven Scham ist meistens in der Kindheit zu finden. Als Babys sind wir alle den Menschen um uns unterlegen gewesen. Wir mussten unsere Fähigkeiten erst im Laufe der Kindheit und Jugend entwickeln und erlernen. Dabei haben wir alle Niederlagen, Verletzungen und Scham über unsere Unterlegenheit erlebt. In einer gesunden Kindheit werden diese Erfahrungen durch Erfolgserlebnisse, Trost und Lob von Eltern, Lehrern und anderen Bezugspersonen ausgeglichen. Sie lehren das Kind, zu erkennen, wo seine Grenzen sind, und kalibrieren dadurch das Schamgefühl. Doch allen Eltern unterlaufen Erziehungsfehler. Dabei kann es zu einer falschen Kalibrierung des Schamgefühls und in der Folge zu destruktiver Scham kommen, sowohl auf aktive als auch auf passive Weise, wie ich im Folgenden zeige.

Die aktive Entstehung von destruktiver Scham

Bei der aktiven Variante der Entstehung von destruktiver Scham reagieren die Eltern oder andere Bezugspersonen auf Fehler, Niederlagen und Enttäuschungen des Kindes mit aktiv das Selbstwertgefühl schädigenden Handlungen. Dabei kann es sich um Spott oder Auslachen für seine Unwissenheit oder Ungeschicklichkeit handeln. Es kann aber auch gut gemeinter Leistungsdruck oder Strenge aufgrund überzogener Erwartungen in Bezug auf die Fähigkeiten des Kindes sein. Oder es kann sich um ausgeprägten emotionalen oder körperlichen Missbrauch handeln. In jedem Fall erhält das Kind immer wieder die Rückmeldung, dass seine Leistungen unzulänglich sind und mehr von ihm erwartet wird, als es zu leisten in der Lage ist.

Die passive Entstehung von destruktiver Scham

Hier bleibt die Reaktion der Eltern aus. Sie sind abwesend und wissen nichts von der erlebten Niederlage oder ignorieren sie. Möglicherweise ist die Niederlage des Kindes auch, dass es die Aufmerksamkeit und Zuwendung seiner Bezugspersonen nicht gewinnen kann. Seine Bedürfnisse bleiben unerfüllt. Im Kindesalter haben wir noch nicht die Reife, zu erkennen, dass ein Fehler auch bei einem oder mehreren Erwachsenen liegen kann. Daher schließt das vernachlässigte Kind, dass die Gründe für sein

»Versagen« oder die mangelnde Aufmerksamkeit seiner Eltern bei ihm liegen. Es beginnt, sich als Fehler zu sehen.

Der erste Schritt zur Heilung

Sich der destruktiven Scham bewusst zu werden, ist der erste Schritt. Das ist oft nicht einfach, da wir unangenehme Gefühle lieber verdrängen, als uns ihnen zu stellen. Wenn dir die Gedanken »Ich bin wertlos«, »Ich verdiene es nicht, geliebt zu werden« oder »Ich kann nichts gut genug« bekannt vorkommen, solltest du dich einmal intensiv mit deinen dahinterstehenden Gefühlen und ihren Ursachen und Folgen beschäftigen. Suche dir eine vertrauenswürdige Person, mit der du über diese Dinge sprechen kannst. Oft bringt es schon Besserung, einmal offen zu der bisher versteckten Scham zu stehen. Auch eine intensive Auseinandersetzung mit den Verletzungserfahrungen aus der Kindheit hilft weiter. Wahrscheinlich tun dir diese Erlebnisse auch in der Erinnerung noch weh. Mit deinem erwachsenen Verstand kannst du sie und die Reaktionen deiner Bezugspersonen jedoch neu und realistischer bewerten. Du kannst dir darüber klar werden, dass der Fehler nicht bei dir, dem noch unreifen und hilfsbedürftigen Kind, gelegen hat. Möglicherweise haben deine Bezugspersonen Fehler gemacht. Möglicherweise waren sie aber auch einfach überfordert oder haben es zwar gut gemeint, konnten aber mit der Situation nicht richtig umgehen. Jeder Mensch hat Schwächen und Fehler, aber auch Stärken. Das gilt für deine Eltern genauso wie für dich selbst. Sie, du, wir alle sind einzigartige und komplexe Personen und jeder von uns hat unersetzlichen Wert, auch wenn er manchmal Dinge tut, für die er sich schämt.

Einsamkeit

Einsamkeit ist ein Thema, das jeden betreffen kann. Es gibt verschiedenste Arten von Einsamkeit und diverse Hintergründe. Zunächst ist es wichtig zu verstehen: Allein sein ist nicht gleich einsam sein. Viele Menschen, so wie ich zum Beispiel, sind sehr gern allein und genießen die Zeiten mit sich selbst. Du kannst ohne Partner durchs Leben gehen und musst dich trotzdem nicht zwangsläufig einsam fühlen. Denn man kann sich auch einsam fühlen, wenn man in einer Partnerschaft ist, Kinder hat, bei Freunden beliebt ist, einer Arbeit nachgeht und sich in Gesellschaft befindet. Wenn dennoch Einsamkeitsgefühle aufkommen, ist destruktive Einsamkeit entstanden.

Die modernen Kommunikationsmittel machen es heutzutage möglich, jederzeit und überall mit anderen zu kommunizieren und in Kontakt zu treten. Wieso fühlen sich trotzdem so viele Menschen einsam oder haben sogar Angst vor der Einsamkeit? Deine Einstellung zu dir selbst und deinem Leben trägt maßgeblich dazu bei, ob du dich einsam fühlst oder nicht.

Welche Gründe kann es haben, dass du dich einsam fühlst, obwohl nach außen hin alles zu stimmen scheint?

Das Leben in einer Großstadt fördert die destruktive Einsamkeit. Die Anonymität ist in einer Großstadt sehr hoch und der Kontakt mit den Angehörigen kann oft nicht mehr regelmäßig gepflegt werden. Dies führt oft dazu, dass soziale Kommunikation vernachlässigt wird, weil sich die Werte verschoben haben. In einer Gesellschaft, die an Erfolg und Leistung orientiert ist, bleiben menschliche Kontakte und somit der Mensch selbst und seine Bedürfnisse oft auf der Strecke. Das Computerzeitalter erschwert die persönliche Kommunikation. Viele Menschen glauben, keine Zeit zu haben, um sich ehrenamtlich und/oder in einem Verein zu engagieren, in dem soziale Kontakte gefördert werden.

Menschen, die sich einsam fühlen,

- ◇ denken, nicht liebenswert genug zu sein,
- ◇ fühlen sich isoliert und ausgeschlossen,
- ◇ denken, einen Partner fürs Glücklichsein zu brauchen,
- ◇ leiden unter der Angst, nicht so angenommen zu werden, wie sie sind,
- ◇ lehnen sich selbst ab,
- ◇ wirken aufgrund ihrer Angst, abgelehnt zu werden, oft überheblich,
- ◇ sind innerlich sehr unsicher,
- ◇ sind auf Zuspruch und Lob anderer angewiesen.

Veränderungen in den Lebensumständen können ebenso dazu führen, dass man für das Gefühl der Einsamkeit empfänglich wird. Dazu zählen beispielsweise:

- ◇ vom Partner verlassen zu werden, wenn die Kinder ausziehen, Jobverlust oder Pensionierung,
- ◇ eine chronische Erkrankung,
- ◇ Einschränkungen durch körperliche oder psychische Beschwerden und Erkrankungen.

Es gibt zahlreiche Faktoren, welche die destruktive Einsamkeit begünstigen. Menschen kreisen oft zu sehr um sich selbst und ihre eigenen Bedürfnisse. Sie nehmen ihr Gegenüber nur mehr bedingt wahr und sind es nicht mehr gewohnt, auf andere Menschen zuzugehen.

Ehe und Familie haben sich gewandelt: Wenn eine Ehe in die Brüche geht, hinterlässt dies nicht nur zwei einsame Menschen, sondern leider oft auch vereinsamte Kinder. Und wenn beide Eltern berufstätig sind, bleibt für die Kinder zu wenig Zeit. Auch die Schulung der sozialen Kommunikation der Kinder leidet darunter. Geborgenheit und das Gefühl, angenommen zu sein, werden nicht ausreichend vermittelt.

Es gibt verschiedene Arten der Einsamkeit. Grundsätzlich unterscheidet man die kurze, vorübergehende Einsamkeit und die lang anhaltende, destruktive Einsamkeit.

Die vorübergehende Einsamkeit

Die Gefühle der Einsamkeit sind in dem Fall von kurzer Dauer. Sie sind die Folgereaktion auf äußere Umstände, die nicht beeinflussbar sind. Dazu zählen beispielsweise der Auszug der Kinder, Jobverlust, Umzug sowie ein Krankenhaus- oder Rehaaufenthalt. Diese Einsamkeitsgefühle sind nicht schädlich, sie sind ganz normale Reaktionen auf die veränderte Lebenssituation. Indem sie den Betroffenen für eine gewisse Zeit von den sozialen Kontakten mit anderen isolieren, helfen sie, mit der veränderten Lebenslage besser umzugehen.

Die Übergangsphase

Der Übergang zur destruktiven Einsamkeit geschieht oft schleichend, ohne dass der Betroffene es bemerkt. Langsam, aber sicher wird die Einsamkeit zum dauernden Begleiter. Die Fähigkeit, mit anderen Menschen in Kontakt zu treten und sich zu unterhalten, nimmt immer mehr ab.

Die destruktive Einsamkeit

Wenn die Einsamkeitsgefühle über Monate oder sogar Jahre andauern, spricht man von destruktiver Einsamkeit. Der Betroffene lebt quasi in ständiger Isolation. Die Fähigkeit, mit anderen

Menschen Kontakt aufzunehmen, ist oftmals vollständig verkümmert. Andere Menschen können vielfach mit den Betroffenen nichts mehr anfangen. Dies löst wiederum im Betroffenen selbst das Gefühl der Ablehnung, des Unverstandenseins und des Verlusts von Vertrauen in die eigenen Fähigkeiten aus. Weiterer Rückzug und totale Abkapselung sind die Folge. Außerdem kommt es häufig zu erhöhter Gereiztheit und Ablehnung gegenüber anderen. Man baut aus Selbstschutz eine Mauer um sich auf. Die Depression kann eine weitere Folgeerscheinung sein. Der Betroffene schließt die Tür seines Herzens, um sich vor Verletzungen aus dem Umfeld zu schützen. Dabei würde er sich nichts sehnlicher wünschen als einen Menschen, der behutsam und verständnisvoll auf ihn zugeht, seine Herzenstür öffnet und die Mauer durchbricht.

Die Einsamkeit kann nicht vollständig aus dem Leben verbannt werden. Zudem kommt alles, was man konsequent bekämpft, meistens noch viel stärker zurück. Diese Gefühle anzunehmen, zu integrieren und zu erkennen, dass sie etwas anderes, Dahinterliegendes aufzeigen, ist oft die bessere Variante als die absolute Abwehrhaltung. Destruktive Einsamkeitsgefühle deuten auf einen Veränderungswunsch im Leben hin. Sie wollen gehört werden, da sie ein Alarmzeichen für etwas Tieferes sind. Sie können eine Aufforderung sein, auf andere Menschen zuzugehen oder auch sich selbst und seine Bedürfnisse deutlicher wahrzunehmen. Dennoch gibt es verschiedenste Möglichkeiten, die man anwenden kann, damit aus einer vorübergehenden Einsamkeit keine chronische Krankheit wird. Du findest im Kapitel »Erste Hilfe bei destruktiven Emotionen« (ab Seite 83) Vorschläge für Lösungsansätze, um mit dem Gefühl der Einsamkeit umzugehen.

Im Leben kann es immer wieder Situationen geben, in denen ein Mensch Einsamkeitsgefühle erlebt.

Verbitterung

Scheidungen, Kündigungen, Todesfälle – einschneidende Ereignisse gibt es in jedem Leben. Mit diesen Ereignissen umzugehen, gelingt Menschen unterschiedlich gut. Die einen akzeptieren die Erfahrungen und schlagen ein neues Kapitel auf. Andere hadern mit ihrem Schicksal. Negative Gefühle graben sich tief in ihr Herz. Der Alltag wird von einer einzigen Emotion dominiert: Verbitterung. Wie entsteht destruktive Verbitterung? Wie findet man den Ausweg aus dieser Sackgasse?

Verbitterung ist ein emotionaler Zustand, den jeder von uns einmal erlebt, zumindest vorübergehend. Nach einer Enttäuschung empfinden wir Schmerz und Wut. Negative Ereignisse können Menschen so tief kränken, dass sie nicht in der Lage sind, die damit einhergehenden Gefühle anzunehmen und das Geschehene zu verarbeiten. Der Glaube an eine ausgleichende Gerechtigkeit ist zerrüttet. Sie reagieren mit Groll, Rückzug und Abkapselung. Dauern diese Emotionen längere Zeit an, kann eine destruktive Verbitterung entstehen.

Verbitterung ist ein schleichender Prozess. Stell sie dir wie ein Samenkorn vor. Der Samen wird ausgesät, keimt aber zunächst nicht. Wenn wir eine Niederlage erleben, verändert uns das nicht unbedingt nachhaltig. Werden einem Menschen jedoch permanent Steine in den Weg gelegt, kann es passieren, dass er zu hadern anfängt. Er glaubt nicht länger daran, die Kontrolle über sein Leben zu haben. Er kann die Rückschläge nicht verarbeiten und der Samen der Verbitterung beginnt zu keimen.

Mit den Gefühlen von Groll, Hass und Verbitterung begibst du dich in eine Opferhaltung – andere Menschen sind schuld an deiner Misere. Sobald du die Opferrolle einnimmst, gibst du den Verursachern Macht über dich. Weitere negative Erfahrungen können als Bestätigung gelten, positive Ereignisse hingegen können nicht mehr wahrgenommen werden. Die destruktive Verbitterung kann dann wie eine Glasglocke wirken, die man über sich stülpt. Man lässt keine positiven Gefühle an sich heran. Es kann passieren, dass man mit Wut und Hass auf Menschen reagiert, die Erfolg haben und denen positive Dinge widerfahren. Man isoliert sich. Konstruktive Ratschläge prallen ungehört ab.

Destruktive Verbitterung ist eine Reaktion auf Erfahrungen, die die Seele vergiftet haben. Einigen Menschen fällt es schwer, sich von negativen Erlebnissen zu erholen und sie hinter sich zu lassen. Sie kommen aus einer vorübergehenden Verbitterung nicht heraus. Es kann zu diversen psychosomatischen Beschwerden kommen. Appetitverlust, Schlafstörungen, Antriebsreduktion beziehungsweise -blockade und sozialer Rückzug sind mögliche Folgen. Über viele Monate ist keine Bewältigung der Beschwerden möglich. Das Ausüben täglicher Aktivitäten ist eingeschränkt.

In bestimmten Fällen kann eine posttraumatische Verbitterungsstörung vorliegen. Hierbei handelt es sich um eine Sonderform der Verbitterungsreaktion, die therapeutisch begleitet werden sollte.

Du kannst im Großen und Ganzen sehr viel selbst unternehmen, um destruktive Emotionen zu heilen. Im folgenden Kapitel zeige ich dir die wichtigsten Schritte.

Erste Hilfe bei destruktiven Emotionen

»Ich muss mir von mir selbst nicht alles gefallen lassen.«
VIKTOR FRANKL

Viktor Frankl war ein österreichischer Neurologe und Psychiater, der drei Jahre lang das Konzentrationslager Auschwitz überleben musste. Über seine Zeit dort hat er ein für mich faszinierendes und mich sehr prägendes Buch geschrieben: »Trotzdem Ja zum Leben sagen«. Natürlich ist nichts, was ich je an Kränkungen und Seelenwunden erlebt habe, auch nur annähernd mit seinen Erfahrungen vergleichbar. Die Essenz dieses Zitats war für mich jedoch das Heilmittel schlechthin. Ich habe seit dem Moment, als ich es zuerst gelesen habe, gelernt, meine Gedanken und Gefühle über mein individuelles »Leid« infrage zu stellen. Auf der Grundlage dieser Erkenntnis habe ich einige Tipps entwickelt, die ich dir hier vorstellen möchte.

Eine neue Blickrichtung

Akzeptiere die Situation
Negative Erfahrungen tun weh. Nimm diese Seelenwunde an und akzeptiere sie. Lass jedoch nicht zu, dass der Schmerz dein Leben kontrolliert. Mach dir bewusst: Was geschehen ist, ist geschehen. Du kannst es nicht rückgängig machen. Leiste keinen Widerstand gegen das Geschehene. Das raubt dir unnötig Kraft, die du besser brauchen kannst, um Dinge zu verändern, die du

verändern kannst. Akzeptanz bedeutet nicht, alles gutzuheißen, was passiert ist. Es bedeutet, nicht länger in der Vergangenheit zu leben und keinen Widerstand gegen das Unveränderliche zu leisten.

Werde achtsam und öffne deine Sinne für das Schöne

Mach deinen nächsten Spaziergang in der Natur zu einem Achtsamkeitsspaziergang. Nimm alles bewusst mit deinen Sinnen wahr. Was kannst du sehen und spüren? Welche Geräusche sind wahrnehmbar? Wie fühlst du dich? Kannst du etwas Bestimmtes riechen? Gibt es ein bestimmtes Farbenspiel zu beobachten? Vielleicht hält sich gerade ein Tier in deiner Nähe auf, das du wahrnehmen kannst. Bleib achtsam.

Stell dich der Realität und lass nicht länger zu, dass negative Erinnerungen dein Leben und deine Zukunft beeinflussen.

Übernimm Verantwortung

Es passieren immer wieder schmerzhafte und das Leben vergiftende Situationen. Das kannst du nicht verhindern und du bist auch nicht schuld daran. Du bist jedoch verantwortlich für deine Reaktion und dein Handeln auf diese Herausforderungen.

Schreckliche Erfahrungen prägen. Sie können Narben auf der Seele hinterlassen. Solche Erfahrungen machen auch Menschen, die scheinbar problemlos durchs Leben gehen. Sei dir darüber im Klaren, dass deine destruktiven Gefühle nichts an den Geschehnissen ändern. Lass nicht länger zu, dass Scham oder Bitterkeit zerstörerisch auf dein Leben einwirken. Befreie dich! Reagiere anders, als es dir deine bisherigen Erfahrungen nahelegen. Warte nicht darauf, dass sich Dinge von allein zum Positiven verändern. Pack es selbst an und übernimm Verantwortung für dich. Fühl dich für dein Wohlergehen zuständig.

Verschiebe deinen Fokus

Eine Medaille hat zwei Seiten. Betrachte beide Seiten – das Gelungene und das Missglückte, das Vorhandene und das Nichtvorhandene. Gewähre negativen Gedanken wenig Spielraum. Stell dir selbst die Frage, was positiv daran ist, dass alles so gekommen ist, wie es aktuell ist. Alles Negative hat positive Seiten. Jedes Ereignis im Leben hat einen Sinn. Nur du kannst diesen Sinn entdecken. Versuch es!

Ziehe Gefühlsbilanz

Du bist unsicher, ob du deine destruktiven Gefühle loslassen kannst? Loslassen ist ein schmerzlicher Prozess. Mach dir klar, was passieren könnte, wenn du die destruktiven Gefühle hinter dir lässt. Eine Art Bilanz kann hilfreich sein. Hol dir Papier und Stift zur Hand. Notiere auf der linken Seite des Blattes die Argumente, die gegen ein Loslassen sprechen. Auf die rechte Seite schreibst du die Vorteile, die ein Loslassen mit sich bringt. Notiere auch die Auswirkungen, die die destruktiven Gefühle auf folgende Lebensbereiche haben:

- ◇ persönliche Entwicklung
- ◇ Beruf
- ◇ Partner
- ◇ Familie
- ◇ Freunde
- ◇ Hobbys
- ◇ seelisches und körperliches Wohlbefinden

Wo entsteht Nutzen und wo Schaden? Was bringt es dir, an den Emotionen festzuhalten? Sei ehrlich zu dir selbst und schau dir deine Gefühlsbilanz an. Zeigt sie dir an, loszulassen? Dann beginne noch heute damit.

Erlaube dir keine Vergleiche

»Warum schaffen andere das, was mir nicht gelingt?« Von derartigen Gedanken solltest du dich lösen. Es wird immer Menschen geben, die in bestimmten Lebensbereichen mehr Erfolg haben. Lass dich von ihnen inspirieren, aber zieh keine Vergleiche. Menschen sind unterschiedlich. Einzigartigkeit macht uns aus. Und das ist gut so. Es ist dein Leben. Es geht nicht um andere, es geht um dich. Nimm deine Stärken und Schwächen an. Sie machen dich einzigartig!

Lebe dein Leben nach deinen eigenen Vorstellungen – das ist der Schlüssel zum Glück.

Nimm eine neue Perspektive ein

Du wurdest betrogen, verletzt oder ungerecht behandelt. Das tut weh. Du kannst versuchen, für einen Moment die Perspektive zu wechseln. Versuche zu verstehen, was die Beweggründe des anderen waren. Schlüpfe in die Rolle des »Bösewichts« und analysiere die Situation neutral. Du sagst damit nicht, dass die Person richtig gehandelt hat. Der Perspektivenwechsel kann dir jedoch helfen, die Verletzung weniger persönlich zu nehmen.

Erkenne deine Stärken und Erfolge

Nimm dir einen Moment Zeit, um über deine Stärken nachzudenken. Auch du hattest Erfolge im Leben. Du hast Talente und liebenswerte Eigenschaften. Auf was bist du stolz? Nimm dir Zettel und Stift zur Hand und schreib alles nieder, was dir einfällt. Jeder kleine Erfolg zählt! Bitte andere um positives Feedback. Lies dir deine Stärken und Erfolge so oft es geht durch und sei stolz auf dich. Du hast es dir verdient!

Kämpfe für dich selbst

Jeder Mensch hat das Recht, glücklich zu sein. Dieses Recht steht auch dir zu. Für dein Glück bist du selbst verantwortlich. Überprüfe, was du für dich tun kannst. Was wolltest du schon immer ausprobieren? Wie kannst du das erreichen? Mach dir einen Plan. Finde heraus, wo du ansetzen kannst, um dein schönstes Leben zu führen. Erfülle deine Seele mit neuen Eindrücken. Blättere innerlich in deinem Kalender drei Jahre vor. Wie sollte dein Leben bis dahin aussehen?

Setz dir realistische Ziele

Es ist nicht verwunderlich, dass ein Mensch verbittert oder Scham entwickelt, wenn er ein Ziel nach dem anderen verfehlt. Oft liegt dies daran, dass die Ziele falsch gewählt waren. Setze dir Ziele, die umsetzbar sind. Das soll nicht heißen, dass du dir keine großen Ziele setzen darfst. Wichtig ist, dass du die Ziele in kleine, erreichbare Etappen einteilst. Gönn dir Erfolgserlebnisse. Orientiere dich an deinen Stärken und Fähigkeiten. Plane deine Ziele schriftlich und setze einen zeitlichen Rahmen, den du einhalten kannst.

Ins Handeln kommen

Beende eine unerwünschte Isolation

Unangenehme destruktive Emotionen machen einsam, denn sie führen dazu, dass ein betroffener Mensch zunehmend dazu neigt, sich zurückzuziehen von anderen. Diese Isolation kann psychische und körperliche Folgen haben – die destruktiven Gefühle verstärken sich. Überwinde deine Wut und deine Enttäuschung und beende jede unerwünschte Isolation. Geh offen auf Menschen zu. Nimm Kontakt zu Menschen auf, die dir guttun. Lass deine Isolation hinter dir. Deine destruktiven Gefühle können abflauen und die Heilung deiner Seele beginnt.

Sei liebevoll mit dir selbst

Du bist wertvoll und liebenswürdig. Tu dir selbst etwas Gutes. Gönne es dir. Das kann alles sein, was dein momentanes Gefühl zu dir selbst verbessert: ein wohltuendes Bad, ein ausgiebiger Spaziergang, ein leckeres Essen oder auch eine schöne Musik. Vielleicht magst du dir auch eine gute Tasse Tee zubereiten und es dir mit einem Lieblingsbuch und einer warmen Decke gemütlich machen.

Sorge gut für dich

Kümmere dich um deinen Geist und um deinen Körper. Ernährst du dich gesund? Schläfst du genug? Wie sieht dein Tagesablauf aus? Deine Wohnung? Wichtig ist, dass alles so ausgerichtet und gestaltet ist, dass du dich wohlfühlst. Zur Selbstfürsorge gehören Auszeiten. Du musst nicht ständig funktionieren. Lade deine Batterien auf. Gönn dir ein heißes Bad, spendiere dir einen Friseur- oder Kinobesuch. Gelegentliche Belohnungen wirken wahre Wunder.

Gib deinem Leben einen Sinn

Such dir eine ehrenamtliche Aufgabe. Dabei hilfst du dir selbst, indem du mit anderen Menschen in Kontakt kommst. Du findest eine sinnvolle Tätigkeit und Aufgabe, die dich erfüllt und bei der du das Gefühl hast, gebraucht zu werden. Indem du anderen hilfst und Freude machst, beschenkst du auch dich selbst mit Freude und Sinnhaftigkeit. Um dieses Grundbedürfnis an Zuwendung und Sinngebung zu erfüllen, kannst du beispielsweise auch in ein Tierheim gehen und anbieten, regelmäßig einen Hund zum Spazierengehen auszuführen, oder in einem Krankenhaus als Vorleserin oder Vorleser aktiv werden. Wenn du dich für die Idee öffnest, werden dir viele Gelegenheiten begegnen, um ehrenamtlich tätig zu werden.

Lenk dich ab

Werde aktiv und geh deinen Hobbys nach. Welche Themen interessieren dich? Neue Hobbys und Interessen können beflügeln. Selbst wenn du sie nicht täglich ausüben kannst, es wird dir guttun, dich damit zu beschäftigen. Arbeite dich in die Thematik ein und werde zum Experten – der Lohn ist positive Energie.

Bewege dich ausgiebig

Ob Yoga, Schwimmen, Radfahren oder Joggen – Bewegung kann präventiv wirken. Körperliche Aktivität löst Glücksgefühle aus: Sie hat Auswirkungen auf unser Gehirn. Der Botenstoff Noradrenalin wird ausgeschüttet. Er wirkt als Neurotransmitter. Mit seiner Hilfe werden Reize an andere Zellen weitergeleitet. Durch Sport und Bewegung wird das Stimmungshormon Serotonin gebildet. Es stabilisiert deine Psyche und sorgt für innere Ruhe und Ausgeglichenheit.

Nutze die Kraft der Natur

Natur ist gut für die Seele – dies wurde durch zahlreiche Studien bestätigt. Geh nach draußen, atme frische Luft und lenk deine Aufmerksamkeit auf die Geräusche der Natur. Spaziergänge steigern das Wohlbefinden. Plane sie täglich ein. Konzentriere dich auf deine Umgebung. Beobachte die Vögel, hör ihnen beim Zwitschern zu und genieß die Natur. Achte auf die schönen Dinge, die das Leben zu bieten hat. Es wird dir guttun! Lies dazu auch das Kapitel zu Hygge und Frilustliv (ab Seite 170).

Nimm dich an, wie du bist, und lerne, dich selbst zu lieben

Es ist gut so, wie du bist. Du bist in Ordnung und du bist liebenswert. Du bist auf deine Weise etwas Besonderes. Du hast deine eigene Würde. Das Leben ist dir geschenkt worden. Du brauchst es nur anzunehmen. Lerne, dich so anzunehmen, wie du bist, auch mit deinen Fehlern und Schwächen. Niemand ist perfekt, aber jeder ist einzigartig. Auch du. Liebe dich selbst und bring dir selbst Wertschätzung entgegen. Warte nicht, dass diese Wertschätzung von außen kommt. Wenn es geschieht, ist es doppelt schön, doch schenke du sie dir selbst. Mach dein Glück nicht von anderen abhängig. Nimm dir Zeit für dich und überlege dir einmal bewusst, wie viele positive Eigenschaften du hast. Lerne dich selbst neu kennen. Vielleicht entdeckst du auch ganz neue Seiten an dir.

Lass die Vergangenheit los

Am Ende hilft vor allem eins: Du musst deine destruktiven Gefühle verarbeiten und über den Auslöser hinwegkommen. Nach einer Verarbeitung kannst du dich langfristig von den destruktiven Gefühlen lösen. Schau nicht zurück. Richte den Blick auf die Zukunft. Verzeihe allen Menschen, die dich gekränkt haben. Wenn du nachtragend bist, willst du dein Gegenüber immer noch bestrafen und der andere hat damit Macht über dich. Doch hauptsächlich belastest du dich selbst. Du überwindest nicht, was deine destruktiven Gefühle verursacht hat. Vergeben heißt nicht, dass eine Versöhnung stattfinden muss. Es ist vielmehr ein Geschenk an dich selbst. Du hörst auf, an alten Wunden zu kratzen, verarbeitest die Vergangenheit, lässt sie los und wirst frei.

Wie du Seelenwunden heilen kannst

Im dritten Teil findest du die Grundlagen für deine Seelenheilung sowie zahlreiche unterstützende Tipps und Hinweise, die dir weiterhelfen können. Ebenso stelle ich dir höchst effektive Empowermentmethoden aus meiner Coachingpraxis vor, die ich für das Selbstcoaching angepasst habe. So kannst du deine Seelenheilung selbst steuern und alte Seelenwunden heilen.

Lass deine Verletzlichkeit zu deiner Stärke werden

»Jede Genesung ist eine Wiederbringung und Palingenesie [Wiedergeburt] unserer Jugend: man liebt die Erde und die darauf sind mit einem neuen Herzen.«

JEAN PAUL

Versuche nicht länger, deine Verletzlichkeit zu verbergen. Das ist nicht nur nicht nötig, sondern wahrscheinlich sogar hinderlich für ein glückliches und erfülltes Leben. In einer Welt, die von leistungsorientierten Maßstäben beherrscht wird, erscheint Verletzlichkeit jedoch oft als Schwäche. Aber das Gegenteil ist der Fall: Die eigene Verletzlichkeit zuzulassen, macht stark und bietet die Chance, Lebensprozesse mit Authentizität durchzustehen.

Das neue, positive Bild der Verletzlichkeit wird wissenschaftlich vor allem durch die Studien der amerikanischen Professorin und Forscherin Brené Brown von der University of Houston untermauert. Sie erforschte Scham und Verletzlichkeit systematisch und führte Studien mit Tausenden Probanden und Interviews durch.

Verletzlichkeit ist die Bereitschaft zu Unsicherheit, Risiko und dazu, auch vermeintliche Schwächen zu zeigen.

Zunächst suchte sie dabei nach Möglichkeiten, diese beiden vermeintlichen Störfaktoren auszuschalten. Dabei erkannte sie, dass das Einräumen der eigenen Verletzlichkeit zwar ein hohes Risiko bedeutet, aber fast durchweg zu positiven Ergebnissen führt. Deshalb veränderte sie auch ihr eigenes Leben und konnte erfolgreich die eigene Krise hinter sich lassen. Mittlerweile ist sie eine gesuchte Beraterin erfolgreicher Unternehmen.

Verletzlichkeit erfordert im Grunde eine starke Persönlichkeit, die sich wiederum erst durch Verletzlichkeit ausbildet. Es handelt sich also um einen Kreislauf, der sich ständig selbst optimiert. Um diesen Kreislauf in Gang zu setzen, benötigst du vor allem eines, nämlich Mut und den unbedingten Willen, etwas zum Besseren zu verändern.

Brené Brown unterscheidet zwei Gruppen:

- ◇ Menschen, die sich wertvoll und geliebt fühlen. Die ein starkes Verbundenheitsgefühl zu anderen haben und ein erfülltes Leben führen.
- ◇ Menschen, die ständig um Liebe und Verbundenheit kämpfen müssen. Die sich immerzu fragen, ob sie gut genug sind.

Das, was die erste Gruppe von der zweiten unterscheidet, ist ihre Verletzlichkeit. Die Menschen, die ein erfülltes Leben führen, sind interessanterweise auch diejenigen, die eher bereit sind, sich ihrer Verletzlichkeit auszusetzen. Und so ist auch hier eine vermeintliche Schwäche in Wahrheit eine Stärke und eine besondere Gabe.

Die zwei Seiten der Verletzlichkeit

Wenn du an das Wort Verletzlichkeit denkst, kann es sein, dass dir sofort ein paar Situationen aus deinem Leben einfallen, in denen du von einem geliebten oder dir nahen Menschen verletzt, verraten oder enttäuscht wurdest. Doch Verletzlichkeit ist nicht nur mit schlechten Erfahrungen und dem damit verbundenen Leid in Verbindung zu bringen, sondern auch mit positiven Dingen.

Gehst du das Risiko ein, dich einem anderen Menschen zu öffnen, bist du auch ein ganzes Stück weit verletzlich. In dem Fall ist deine Verletzlichkeit jedoch etwas Gutes, da sie das Entstehen einer neuen und intimen Bindung ermöglicht. Verletzlichkeit hat also immer zwei Seiten. Wenn wir einen anderen Menschen tief in unsere Seele blicken lassen, dann können wir entweder verletzt oder angenommen und positiv überrascht werden.

Besonders hochsensible Menschen können ihre Verletzlichkeit auch als positives Persönlichkeitsmerkmal erkennen.

Schutz aufgrund schlechter Erfahrungen

Wurde jemand in seinem Leben bisher sehr oft verletzt, ist dessen Bereitschaft, sich auf andere Menschen einzulassen, natürlich eher gering, denn auch gegen emotionale Schmerzen möchte man sich schützen, und nicht wenige Menschen haben das Gefühl, dass das nur gelingen kann, indem sie eine ganz hohe Mauer um sich und ihre Gefühle errichten. So verständlich das auch ist, wirklich empfehlenswert ist es nicht. Denn nicht nur, dass man so nur wenige Menschen an sich heranlässt – man nimmt sich selbst auch ein ganzes Stück an Unbefangenheit und Lebensqualität. Immer aufpassen zu müssen, was man wem erzählt und wem man sich anvertraut, ist doch schließlich auch nicht das Wahre, oder? Sehnt sich nicht jeder Mensch danach, jemandem zu begegnen, der voll Verständnis, Fürsorge und Unterstützung ist? Nun, solchen Menschen kann man nur begegnen und sie überhaupt als solche erkennen, wenn man ihnen auch die Gelegenheit gibt und sich wirklich offen und ohne Masken zeigt. Nur so ist es möglich, einander in der Tiefe kennenzulernen.

Riskiere Verletzungen und erlebe Glück

Einen hundertprozentigen Schutz vor Verletzungen gibt es nicht. Auch wenn du dich noch so sehr in dich selbst zurückziehst und den Kontakt mit anderen Menschen auf das Nötigste reduzierst – es besteht immer die Gefahr, von anderen verletzt zu werden. Besser wäre es, wenn du lernen würdest, mit Verletzungen gut zu leben. Das geht. Verletzungen gehören zum Leben einfach dazu und schließlich ist es ja erst der Vergleich zwischen positiven und negativen Erfahrungen, der die positiven Erfahrungen zu dem macht, was sie sind.

Je mehr du dich einer möglichen Verletzung aussetzt, umso mehr wird deine Angst davor verschwinden und du wirst dich wieder anderen Menschen gegenüber öffnen können. Mit der Zeit wirst du dabei so selbstbewusst werden, dass, sogar wenn jemand dich verletzen sollte, du damit umgehen und diese Person in ihre Schranken weisen kannst.

Wenn du oft verletzt wurdest und Angst hast, dass es wieder geschieht, dann versuche, trotz deiner Angst in kleinen Schritten das Risiko, verletzt zu werden, wieder einzugehen.

Verletzlichkeit macht unsere Beziehungen glücklicher

Das Ideal einer glücklichen Partnerschaft wird für gewöhnlich nicht mit dem Wort »Verletzlichkeit« assoziiert. Kein Mensch wird gern verletzt, und schon gar nicht vom eigenen Partner. In Wahrheit pflegen viele Menschen aber nur einen unguten Umgang mit emotionalen Verletzungen: Sie versuchen diese durch einen unsichtbaren Schutzpanzer um sich herum abzuwehren. Schon bald merken sie aber, dass dieser löchrige Schutzwall nicht der Weg zu einem glücklichen Leben ist. Wie so oft liegt die Lösung in uns. Vielleicht spürst du, dass es an der Zeit ist, deine emotionale Rüstung abzustreifen. Liebe funktioniert nicht ohne Verletzungen. In jeder innigen Partnerschaft lassen wir uns auf einen anderen Menschen ein. Wir begeben uns aus der Komfortzone heraus und vertrauen unsere tiefsten Sehnsüchte und Wünsche dieser Person an. So schön dieses Gefühl auch sein kann: Wir machen uns damit verletzlich. Zu diesem Zeitpunkt hat unsere emotionale Ritterrüstung bereits erste Lücken. Ist ein Mensch uns so nahe, leben wir mit der Gefahr, verletzt zu werden: Dieses Risiko gehen wir bei jeder näheren Bindung ein, auch bei Freundschaften und in der Familie.

Genau wie bei jeder risikoreichen Investition geben wir ein Stück Sicherheit auf. Einige Menschen haben derart panische Angst davor, erneut verletzt zu werden, dass sie diese emotionale Nähe zu anderen Personen nicht mehr zulassen. Somit verbergen sie ihre eigene Verletzlichkeit und sind für den Moment glücklich. Die unbewusste Angst vor nahen Beziehungen überwiegt das Glück einer festen und stabilen Partnerschaft.

Um in der Metapher der Investition zu bleiben – die Menschen lassen ihr Geld lieber auf dem Girokonto liegen, statt es etwas risikoreicher zu investieren. Das Geld ist damit in Sicherheit, allerdings wird es sich, genau wie das Lebensglück, nicht vermehren. In Wahrheit wird es sogar weniger: Genau wie die Inflation das Geld auf dem Konto auffrisst, schwindet auch deine Zufriedenheit mit jedem Jahr, in dem du dich emotional verschanzt. Damit bleiben die Menschen ein Leben lang hinter der Mauer der Risikovermeidung um jeden Preis. Egal wie viel Offenheit und Ehrlichkeit ein Mensch mitbringt: Er wird es nicht über die Mauer schaffen. Nur der bewusste Umgang mit dem Risiko der eigenen Verletzlichkeit kann diese Mauer zum Einstürzen bringen.

Durch Verletzlichkeit lernen wir uns besser kennen

Hast du schon einmal überlegt, wieso uns Dinge überhaupt verletzen können? Sicher, man liebt seinen Partner und natürlich steigt mit der Liebe auch die Enttäuschung, wenn der Partner bestimmte Dinge tut oder eben nicht tut.

Ein anderer Mensch kann dich nicht verletzen. Es hängt viel mehr davon ab, welche Bedeutung du einem Umstand gibst. Reagieren wir mit einem unsachlichen Streit oder können wir die Situation konstruktiv klären? Letzteres bedarf sicher einiger Selbstreflexion und Zeit, kann aber dazu beitragen, die Beziehung offener und harmonischer zu machen. Die Handlungen des Partners wirken wie Nadelstiche, die uns unsere wunden Punkte aufzeigen.

Nehmen wir als Beispiel die Eifersucht: Wirft dein Partner beispielsweise einer Person interessierte Blicke zu, die du für attraktiver hältst als dich selbst, entscheidet dein eigenes Selbstbild, ob und wie sehr dich diese Situation verletzt. Bist du zufrieden mit dir, reagierst du wahrscheinlich gelassen und kannst ein sachliches Gespräch führen, sofern dir das Interesse deines Partners missfällt. Ist dein Selbstwert aber noch nicht gut ausgeprägt, fühlst du dich verletzt und suchst die Ursache weniger bei dir selbst als beim Partner.

Eine Beziehung ist auch immer ein schöner Weg, mehr über dich und deine Lebensthemen zu erfahren.

Grundlage für Veränderungen

Genau die wunden Punkte, die uns wirklich wehtun, bilden die Basis für Veränderung. Persönlicher Wandel passiert immer außerhalb der Wohlfühlzone und kann sehr schmerzhaft sein. Dieser Schmerz zeigt uns aber, dass wir uns verändern, und ruft zu einer persönlichen Evolution auf. Daher sollte er als etwas Positives angenommen werden. Gehen wir selbstreflektiert mit uns und unserer Partnerschaft um, zeigt uns unsere Verletzlichkeit genau die Punkte auf, die wir zukünftig verbessern können. Ob Selbstwert, Themen aus der Kindheit oder Verlustangst: All diese Zusammenhänge kommen erst zum Vorschein, wenn wir uns auf einen Menschen eingelassen haben und die Wände um uns herum durchlässig geworden sind. Wir setzen uns einer Gefahr aus, öffnen aber gleichzeitig die Tür in eine positivere Zukunft. Die eigene Verletzlichkeit anzuerkennen, an ihr zu wachsen und sie gemeinsam mit dem Liebsten zu thematisieren, wird deine Beziehung auf ein neues Level bringen.

Ein achtsamer Umgang

Verletzlichkeit kann der Schlüssel zu einer glücklichen Beziehung sein. Dafür muss man aber achtsam und selbstreflektiert mit ihr umgehen. Geschieht dies nicht, entfaltet die Verletzlichkeit eine destruktive Wirkung und die Partnerschaft versinkt in einem Strudel aus Frustration und unsachlichen Streitereien. Es ist wichtig, mit dem Partner im Austausch zu bleiben. Gerade wenn die Emotionen hochkochen, ist dies aber nicht immer einfach. Für solche Situationen macht es Sinn, ein Codewort festzulegen. Damit wird eine unnötige Eskalation im Streit verhindert. Idealerweise zieht sich jeder dann für einige Minuten zurück, um einen kühlen Kopf zu bekommen. Im Anschluss können die eigenen Bedürfnisse klar und sachlich formuliert werden und die Situation wird konstruktiv gelöst. Diese Prozedur sollte man jedes Mal einhalten, wenn die Situation zu eskalieren droht. Torpediert ein Partner diesen Ablauf, wird es sehr schwierig, eine gute Lösung für beide zu finden. Jeder Mensch sollte zusätzlich seine »wunden Punkte« heilen: Nur wer sich selbst liebt, wird auf Dauer eine stabile und glückliche Partnerschaft leben können.

Verletzlichkeit ist auch ein Indiz für die Ernsthaftigkeit einer Bindung. Du zeigst deinem Partner, dass du ihm vollends vertraust. Gib der Verletzlichkeit also die richtige Bedeutung – sieh sie als Dünger, auf der die gemeinsame Zukunft wachsen kann.

Auch im Job: Verletzlichkeit ist Stärke

Verletzlichkeit erscheint vielen Menschen gerade bei der Karriere als unverzeihliche Schwäche, die es um jeden Preis zu verbergen gilt. Doch das Gegenteil ist der Fall! Verletzlichkeit kann auch der Schlüssel zum Erfolg sein. Es ist also sinnvoll, sich eigene Schwächen, Ängste und Fehler einzugestehen. Das führt, wie ich gleich näher erläutere, zu persönlichem Durchbruch, effektiverer Teamarbeit, einer modernen lernenden Unternehmenskultur und wirtschaftlichem Erfolg.

Wer glaubt, dass Verletzlichkeit, wenn überhaupt, nur im Privatleben und im engsten Kreis gezeigt werden darf, der wird im Beruf wann immer möglich Stärke demonstrieren. Er versucht, ständig nach außen Perfektion zu vermitteln. Wenn wir jedoch unsere eigene Verletzlichkeit verbergen, müssen wir auch einen Großteil unserer anderen Gefühle verheimlichen. Da die Gefühle eine Art Einheit bilden und wir nicht nur den unerwünschten Teil ausschalten können, werden alle betäubt. Denn es werden auch positive emotionale Energien lahmgelegt. Angst und Selbstzweifel wachsen dadurch weiter.

Nach außen hin erscheint jemand, der sich an seine perfekte Fassade klammert, unnahbar und kalt. Gleichzeitig fehlt es ihm oft an Empathie gegenüber anderen.

Doch was erzeugen gerade Führungskräfte damit? Echte Loyalität und Bewunderung können sie so nicht ernten. Die Menschen, die sie eigentlich führen sollen, lehnen sie ab. Sie verschließen sich vor ihnen. Denn sie fühlen sich nicht verstanden und durch das Verhalten des Vorgesetzten in ständiger Gefahr. Im schlimmsten Fall werden Fehler nicht eingestanden, sondern unnötig weiter fortgeführt, um die Fassade aufrechtzuerhalten. Die Probleme vergrößern sich jedoch so. Die anderen Mitarbeiter richten sich ihrerseits natürlich an der Führungsebene aus. Die Wahrung der eigenen Stärke und Perfektion wird wichtiger als die gemeinsame Orientierung auf das Ergebnis hin. Fehler werden dann auch von ihnen, wenn überhaupt, nur weiter unten in der Hierarchie gesucht.

Authentizität statt Täuschung

Natürlich gehört Mut dazu, zur eigenen Verletzlichkeit zu stehen. Das ist die gleiche Risikobereitschaft, die du für alle großen Entscheidungen benötigst. Wenn du aber gerade als Führungspersönlichkeit Verletzlichkeit und Unvollkommenheit zulässt, bist du authentischer. Das macht dich glaubwürdiger und du verdienst so das Vertrauen von Kunden und Mitarbeitern. Durch dein Auftreten fliegen dir Sympathien zu. Wohlgemerkt, es geht um wirklich authentisches Auftreten, nur die eigenen echten Gefühle wirken positiv. Vorgetäuschte Aufrichtigkeit entlarvt sich in der Regel selbst und hinterlässt einen schalen Nachgeschmack. Du schaffst aber mit dem Zulassen von tatsächlicher Verletzlichkeit Loyalität und Nähe. Deine Erfolge werden deutlich höher honoriert und kleine Fehler erscheinen verzeihbar.

Es wird dir leichter fallen, Aufgaben zu delegieren. So wird jede Aufgabe von einem Mitarbeiter erledigt, der sie gut beherrscht und dem du dafür die Anerkennung aussprechen kannst, die er verdient. Damit wächst die Zufriedenheit im ganzen Team.

Freisetzung positiver Energien

Du musst keine unnötige Kraft darauf verwenden, einen emotionalen Panzer um dich herum aufrechtzuerhalten. So kannst du dich ganz auf die Sache konzentrieren. Verletzlichkeit bedeutet, zum eigenen Selbst zu stehen und auf falsche Masken zu verzichten. Dadurch steigt das eigene Selbstwertgefühl, denn du erwartest keine Perfektion mehr von dir. Du machst dir entsprechend auch keine Vorwürfe, wenn du diese unrealistische Erwartung nicht erfüllst. Der Selbstzweifel, ob du wirklich gut genug bist, nagt nicht mehr an dir. Deshalb kann er auch keine kostbare Energie mehr abzapfen. So überwindest du die menschliche Urangst, nicht zu genügen. Damit steigt die Zufriedenheit mit dem eigenen Ich, der eigenen Leistung und auch mit dem Job. Das wird ungeahnte Energien freisetzen, die du dir zunutze machen kannst.

Wenn du Fehler einräumst, kannst du sie auch schnellstmöglich korrigieren und so ein optimaleres Ergebnis erreichen. Doch nicht nur dein Umgang mit Fehlern wird deutlich positiver sein, sogar ihr Auftreten wird sich vermindern. Denn Versagensangst, Gruppendruck und der Zwang, perfekt zu erscheinen, erhöhen die Wahrscheinlichkeit, Fehler zu machen!

Auswirkungen auf dein Team

Als Führungskraft wird deine Authentizität auch eine wohltuende Wirkung auf dein Team haben. Denn alles, was wir tun, hat Auswirkungen auf andere Menschen. Insbesondere Führungskräfte sind Vorbilder. Wenn du dir selbst eingestehst, nicht perfekt zu sein, kannst du dieses Privileg auch deinen Teammitgliedern einräumen und sie als die Menschen annehmen, die sie sind. Wenn wir freundlich zu uns selbst sind, können wir auch freundlich und wertschätzend anderen gegenüber sein. Denn Menschen stehen als soziale Wesen in Verbindung zueinander, aber diese Verbindung kann nur durch Offenheit ausgebaut werden. So schlägt sich dein Mut zur Verletzlichkeit auch in deiner Führungskompetenz nieder. Die Teammitglieder erleben so ein starkes Gefühl der Verbundenheit und Zugehörigkeit. Auch deine Mitarbeiter müssen sich nicht verstecken und können Fehler und Probleme offener ansprechen und regulieren. Denn sie werden durch dein Vorbild darin gestärkt, Mut zur eigenen Unvollkommenheit zu haben. Durch eine positive Fehlerkultur und ein sinnvolles Fehlermanagement entwickelt sich das Unternehmen zur lernenden Organisation.

Verletzlichkeit und Unternehmenskultur

Eine Atmosphäre der Offenheit, in der auch das Eingestehen der eigenen Verletzlichkeit möglich ist, erhöht den Grad der Zufriedenheit mit der Arbeit und dem Arbeitsumfeld. Mitarbeiter, die auf ein kräftezehrendes Versteckspiel verzichten können, fühlen sich freier und kreativer. So entstehen neue Ideen, denn vor jeder guten Idee gab es zunächst etliche Ideen, die verworfen werden, die es aber für einen kreativen Prozess braucht. Die Arbeit ist nicht mehr Belastung, sondern Teil des eigenen Selbst. Schuldzuweisungen isolieren, ein offener Umgang dagegen befreit. Die Aggressivität im Team sinkt. Das wirkt sich nicht nur positiv auf das Arbeitsklima aus, sondern fördert die Produktivität des gesamten Teams.

Emotionale Sicherheit führt zu deutlich mehr Effizienz im Team als materielle Anreize oder externe Schulungen. Das hat eine über viele Jahre laufende Google-Studie bestätigt.

Eine positive Fehlerkultur ruht auf drei Säulen: den Werten, den Kompetenzen und den Instrumentarien. Durch das Einräumen der eigenen Verletzlichkeit als Vorgesetzter werden diese drei Grundlagen erst möglich, denn er oder sie setzt den Wertestandard. Weil immer mehr Unternehmen erkennen, welches ungeheure Potenzial durch Fehlervertuschung verschwendet wird und welche Chancen und Möglichkeiten in einem authentischen Führungsstil liegen, wird das Einräumen eigener Verletzlichkeit zunehmend auch als Soft Skill gesucht und geschätzt.

Verletzlichkeit im Arbeitsumfeld – wann Vorsicht angezeigt ist

Häufig stehen Konventionen und Unternehmenskultur dem Konzept der Authentizität im Weg. In Unternehmen oder Strukturen, die eine Ellenbogenmentalität kultivieren oder in denen Mobbing zum Tagesgeschäft gehört, ist das Risiko, Verletzlichkeit zu zeigen, unkalkulierbar und damit zu hoch. Allerdings

Klare Grenzen zwischen Beruf und Privatleben sind wichtig

Natürlich macht uns Verletzlichkeit auch angreifbar. Das kennen wir nur zu gut aus dem privaten Bereich, wenn wir engen Freunden einen zu tiefen Einblick gewähren und in der Folge beispielsweise durch eine unpassende Bemerkung bitter enttäuscht werden. Ich rate auch davon ab, in der Öffentlichkeit zu viel wirklich Privates von sich zu zeigen – du darfst durchaus zurückhaltend sein.

Dennoch müssen wir den Wunsch aufgeben, das Bild, das andere von uns haben, zu kontrollieren. Die Reaktionen der anderen dürfen dir gleichgültig sein und du solltest dich von deren Urteil unabhängig machen. Es empfiehlt sich gleichwohl, einen klaren Trennstrich zwischen Beruflichem und Privatem zu ziehen beziehungsweise genau zu überlegen, wie viel Privates man auch im Job offenbaren möchte.

Man muss ein gutes Gleichgewicht zwischen dem Zulassen der eigenen Verletzlichkeit und einer ungesunden Offenheit finden. Damit vermeidest du auch den Eindruck, zu weit gegangen zu sein. Ein solches Unwohlsein könnte dich dann vor Authentizität zurückschrecken lassen. Das richtige Maß für Offenheit ist immer, dass du dich noch wohlfühlst. Du musst zwar deine Komfortzone verlassen, solltest dich aber gerade am Anfang nicht zu weit vorwagen. Ängste vor dem Risiko, das damit einhergeht, Verletzlichkeit im Job zuzulassen, werden so Schritt für Schritt abgebaut. Gleichzeitig bleibt die eigene Balance gewahrt. So erscheinst du trotz allem als starke Persönlichkeit.

lassen sich traditionelle Strukturen, die nicht völlig vergiftet sind, behutsam umbauen, indem man langsam damit beginnt, Echtheit und Offenheit zu pflegen. Kleine Schritte können sich addieren und Synergieeffekte erzeugen. Ein bedachtes Vorgehen kann auch in einer traditionellen Unternehmenskultur vielversprechend sein. Das erfordert allerdings Mut zur Veränderung.

Verletzlichkeit bei Frauen und bei Männern

Für Frauen ist es noch schwieriger, die eigene Verletzlichkeit im Arbeitsumfeld zuzulassen. Denn ihnen wird von Beginn an Schwäche unterstellt. Deshalb kann es ihren Kampf um Anerkennung unterminieren und eher als Schwäche denn als Stärke ausgelegt werden. Frauen sind von Kindesbeinen an in noch höherem Maß darauf trainiert, Anpassung und Perfektion umzusetzen. Die Umstellung konfrontiert sie also mit doppelten Ängsten. Einerseits fürchten sie, von den männlichen Kollegen als Sensibelchen abgestempelt zu werden, andererseits negiert ihre traditionelle Erziehung die Fokussierung auf das eigene Selbst.

In fast allen Kulturen ist Verletzlichkeit mit einem Stigma behaftet. Trotzdem gehen verschiedene Kulturen, gesellschaftliche Schichten und die Geschlechter damit unterschiedlich um.

Doch auch Männer haben ihre spezifischen Probleme mit dem Konzept der Verletzlichkeit. Das umzusetzen geht nämlich mit Zweifeln an der eigenen Männlichkeit einher. Deshalb ist die Versuchung groß, immer wieder dem Drang nach Perfektionismus zu erliegen und dem Druck nach Konformität nachzugeben. Trotzdem solltest du Verletzlichkeit wagen!

Probiere vorsichtig aus, wie es sich für dich anfühlt, deine Empfindsamkeit zu zeigen und spielerisch herauszufinden, wie viel Offenheit für dich passend ist. Manchmal ist es einfach klüger, zurückhaltend zu sein. Wichtig ist, dass du bewusst steuern kannst, wann du welchem Menschen diese Seite von dir zeigst.

So lernst du Resilienz in Krisenzeiten

»Ein vollständiger Erwachsener erwächst aus einem vollständigen Kind. Es ist nicht erforderlich, das Kind zu zerstören, damit der Erwachsene hervortreten kann. Wir alle müssen unser inneres Kind finden und heilen, damit wir vollständig werden.«

NAMUA RAHESHA

Vor allem in Krisensituationen wird schnell deutlich, wie drastisch sich Menschen im Umgang mit psychischen Belastungen und übermäßigem Stress voneinander unterscheiden. Während bei einigen Menschen Erkrankungen wie Burnout oder Depressionen in turbulenten Zeiten gehäuft zutage treten und viele vermehrt zu Alkohol und anderen Suchtmitteln greifen, scheinen

Was ist Resilienz?

In der Physik wird Resilienz als Begriff definiert, der die Eigenschaft bestimmter Materialien beschreibt, sich nach äußeren Einflüssen wieder in die Ursprungsform zurückzubegeben. Diesen Ansatz übernahm man in der Psychologie für Menschen, die auch Krisen emotional unbeschadet überstehen. Das bedeutet eine vollständige Wiederherstellung oder Aufrechterhaltung der psychischen Stabilität nach starken Stressereignissen. Resilienz spielt eine wichtige Rolle im hektischen Alltag und ist wesentlich für Erfolg in der Arbeit.

einige Personen über eine seelische Barriere, quasi einen emotionalen Schutzschild, zu verfügen. Eine Schlüsselrolle spielt die Resilienz eines Individuums.

Ein Beispiel für fehlende Resilienz ist der Einstieg in eine Drogenkarriere oder der Beginn einer psychischen Krankheit wie Depressionen, einer Angststörung oder einer posttraumatischen Belastungsstörung nach psychisch belastenden Erlebnissen. Resilienz ist kein Synonym für Resistenz, es geht nicht um eine Abstumpfung, Abhärtung oder Unempfindlichkeit gegenüber Emotionen, sondern um einen gesunden Umgang mit schwierigen Situationen. Das bedeutet einerseits, die jeweilige Situation zu akzeptieren, sowie andererseits, angemessene Bewältigungsstrategien zu überlegen und in Angriff zu nehmen.

Einigen Menschen fällt es leichter, Gutes aus einer veränderten Situation zu ziehen und sich auf sie einzustellen. Der Schlüsselfaktor und große Unterschied zu denjenigen, die dadurch in eine tiefere Krise geraten, ist die Resilienz.

Sich nicht durch äußere Faktoren überwältigen zu lassen – das ist vor allem angesichts schwerwiegender Krisen leichter gesagt als getan. Als Gewohnheitswesen vertrauen viele Menschen auf einen verlässlichen Alltag, sodass stärkere Abweichungen oder ein spontaner Lebenswandel schnell ein Gefühl der Hilflosigkeit, Unsicherheit oder gar Angst hervorrufen. Menschen werden sprichwörtlich aus der Bahn geworfen.

Eigenschaften resilienter Personen

Aus welchen Komponenten setzt sich diese seelische Kraft eigentlich zusammen? Welche Kernelemente definieren die Resilienz? Die folgenden Eigenschaften haben resiliente Personen gemeinsam:

- Sie zögern nicht, die Hilfe anderer Menschen anzunehmen.
- Ein starkes soziales Umfeld steht ihnen unterstützend zur Seite.
- Sie pflegen intensive soziale Bindungen zu Freunden oder Familienmitgliedern.
- Sie besitzen Einfallsreichtum und gute Fähigkeiten zur Problemlösung.
- Sie akzeptieren ihre eigenen Gefühle und sind überzeugt davon, dass sie etwas erreichen können. Das hilft ihnen dabei, Probleme zu überwinden.

Die Ursprünge der Resilienz

Warum sind einige Menschen mit dieser Fähigkeit gesegnet, während andere empfindlich auf Stressfaktoren reagieren? Diese Fragen versuchte die Resilienzforschung in den vergangenen Jahrzehnten zu durchleuchten – mit mäßigem Erfolg. Abgeschlossen ist die Forschung noch nicht. Forscher vermuten ein komplexes psychisches System hinter dem Prinzip der Resilienz, das sowohl von unserer Genetik als auch von unserem täglichen Lernen beeinflusst wird.

Bereits in den frühen 50er-Jahren des 20. Jahrhunderts entstand für psychische Widerstandskraft, basierend auf entwicklungspsychologischen Studien an Jugendlichen und Kindern, das Konzept der Resilienz. Als Pionierin galt die Entwicklungspsychologin Emmy Werner, Professorin am Department of Human and Community Development an der Universität von Kalifornien, Davis, und führende Persönlichkeit auf ihrem Gebiet.

Ihr wissenschaftliches Wirken entfaltete sich in einer im Jahre 1977 veröffentlichten Studie, mit der sie internationale Bekanntheit erlangte. In der Längsschnittstudie untersuchte sie die Auswirkungen biologischer und sozialer Risikofaktoren wie Armut auf die Entwicklung von Kindern. Durchschnittlich entwickelten sich die Kinder negativer als solche, die in einem behüteten Umfeld aufwuchsen. Dennoch konnte sich rund ein Drittel der Kinder trotz der zahlreichen Risikofaktoren gut entwickeln. Sie besaßen diverse soziale sowie psychische Schutzmechanismen, um die prekären Umstände auszugleichen. Besonders individuelle Merkmale wie eine hohe Sozialkompetenz, gute Bewältigungsmuster und ein positives Selbstbild spielten neben starken engen emotionalen Bindungen zu diversen Bezugspersonen und der Etablierung eines unterstützenden Netzwerks eine Schlüsselrolle für den Erfolg. Diese Kinder verfügten über eine hohe Resilienz.

Mehrere Ressourcen treffen zusammen

Bereits heute lässt sich aus wissenschaftlicher Sicht sagen, dass Resilienz als Zusammenspiel diverser psychischer, neurobiologischer und sozialer Ressourcen zu betrachten ist. In Kombination beugen sie der Entwicklung stressbedingter Erkrankungen vor.

Zusammenfassend steht Resilienz für die positive Adaption an einen Stressfaktor – im Fachjargon der Psychologie auch Stressor genannt. Eine zeitnahe Erholung und Bewältigung von einer temporären Überforderung gilt als Resilienz. Eine negative Adaption an einen Stressfaktor zeigt sich durch die Entwicklung psychischer Probleme wie Burnout oder Depressionen.

Resilienz lässt sich erlernen

Unsere Voraussetzungen, die wir aus der Erziehung und Kindheit mitgenommen haben, sind fest zementiert und lassen sich nicht mehr verändern. Doch bilden sie die Grundlage einer konstanten charakterlichen Weiterentwicklung. Resilienz ist nicht als starres Persönlichkeitsmerkmal, sondern als formbarer, dynamischer Prozess zu betrachten. Ein erfolgreicher Umgang mit Stressoren dient als Fundament für neue Stärken, Kompetenzen sowie für positive Sichtweisen und immunisiert gegen künftige Stressfaktoren.

Das Leibniz-Institut für Resilienzforschung verdeutlicht: Resilienz gilt nicht der Eliminierung von Stressfaktoren, sondern der Befähigung zu einem effektiven und positiven Umgang damit. Hierzu gehören das Erkennen und Korrigieren negativer, nicht funktioneller Verhaltensweisen, vor allem aber auch die Fähigkeit, optimale Bewältigungsstrategien zu entwickeln, um Resilienzfaktoren zu stärken.

Deine Resilienzbooster

Resilienz ist für jeden anders. Für die meisten bedeutet sie einen konstanten Lernprozess, der neben der Offenheit für die jeweils anstehende Thematik von individuellen Faktoren bestimmt wird. Folgende Tipps sind daher weniger als pauschale Empfehlung, sondern mehr als allgemeine Wegweiser zu sehen. Du wirst selbst feststellen, welche davon dich am meisten ansprechen.

Erkenne deine Gefühle an und lebe sie

Gefühle treten früher oder später ans Tageslicht. Verdrängst du sie, statt sie zuzulassen und auszuleben, kommen sie über kurz oder lang wieder. Auch wächst mit der Verdrängung die Angst vor einem Rückfall in die unangenehme Gefühlslage. Sinnvoller ist es, die eigene Gefühlslage anzuerkennen und die Emotionen zu analysieren. Ganz nach dem therapeutischen Prinzip der Katharsis befreit es von inneren Spannungen und psychischen Konflikten, wenn man diese Zustände auslebt.

Häufig sind es nicht die Gefühle an sich, sondern die von uns erschaffenen Konstrukte um diese Gefühle (Emotionen), die uns Kummer bereiten und uns in unserer Denkweise gefangen halten.

Akzeptiere die Situation

Wie viel Realität steckt wirklich in den Angstvorstellungen und Schreckensszenarien, die wir uns gedanklich ausmalen? Sind sie begründet? Worum solltest du dir tatsächlich Sorgen machen? Unnötige Sorgen zehren an den Kräften und verschlingen die Ressourcen, die für die Bewältigung der Ist-Situation vonnöten wären.

Fokussiere dich auf das Positive

Nicht selten neigen wir Menschen dazu, den Fokus auf die Angst, auf die negativen Emotionen zu lenken, weil man sich auf das Negative einer Situation konzentriert. Stattdessen gilt es, verschiedene Lösungswege zur Umgehung des Problems zu erschaffen:

◇ Wie lässt sich das Problem effektiv angehen?
◇ Welche Bedürfnisse hast du?
◇ Was wünschst du dir für die Zukunft?

Sorge für ein gesundes Selbstvertrauen

Trotz aufkeimender Gefühle der Überforderung und Hilflosigkeit kann es dir helfen, dir Schritt für Schritt der eigenen Fähigkeiten bewusst zu werden. Jeder ist seines Glückes Schmied und ist Herr über die eigene Gedankenwelt. Ein lösungsorientiertes und positives Denken ist der Schlüssel zum Erfolg. Das richtige Mindset öffnet die Pforten für konstruktives Handeln. Statt Zeit und Energie in negative Denkmuster zu investieren und gedanklich die verschiedensten Worst-Case-Szenarien durchzugehen, kannst du darüber nachdenken, wie du aus der aktuellen Krise gestärkt hervorgehst und was dich die Situation über dich selbst lehren könnte.

Nimm Unterstützung von außen an

Selbst der stärkste Charakter benötigt von Zeit zu Zeit eine helfende Hand. Zwar kann dir niemand die emotionale Last von den Schultern nehmen, doch wirkt ein offenes Ohr wie Balsam für die Seele. Egal ob Freunde, Verwandte oder Therapeuten: Gerade wenn sich negative Gedankenmuster zu verfestigen drohen, ist es ratsam, Hilfe von außerhalb zu erbitten.

Nimm dir die nötige Zeit

Resilienz ist ein langwieriger, fortlaufender Prozess, der nicht von heute auf morgen fertig ist. Ein voller Terminkalender und zahlreiche Verpflichtungen lassen weder Zeit noch Raum für eine positive Entwicklung. Ganz im Gegenteil schwächt uns der konstante Druck von außen. Lass Gefühlen ihre Zeit und genieße die schönen Dinge im Leben. Schaffe dir deine täglichen Freiräume, in denen du Dingen nachgehst, die dir guttun. Schaffe dir Räume fürs Lesen, Spazierengehen, Meditieren, Schlafen, Yoga oder was immer deine Entspannung und innere Ruhe fördert. Nur wer sich Zeit für seine eigenen, persönlichen Bedürfnisse nimmt, hat die Kraft, sich um die Bedürfnisse anderer zu kümmern.

Niederlagen stärken die Persönlichkeit

Das Leben verläuft selten nach unseren Vorstellungen. Erfolge und auch Misserfolge sind Teil unseres Lebens und prägen unseren Charakter. Die Kraft, mit Niederlagen umzugehen, ist nicht immer von Geburt an gegeben, doch kann sich ein jeder von uns die Fähigkeit zur Resilienz Stück für Stück aneignen. Je eher du negative Ereignisse als solche akzeptierst und hinnimmst, desto eher kannst du an deinen Niederlagen wachsen. Resiliente Menschen besitzen die Fähigkeit, auch aus Niederlagen ihre Chancen zu ziehen.

Radikale Vergebung als Lebenselixier

»Der Schwache kann nicht verzeihen.
Verzeihen ist eine Eigenschaft des Starken.«
MAHATMA GANDHI

Viele Menschen hegen Groll gegen andere oder auch gegen sich selbst. Dies belastet nicht nur die Seele – auch der Kopf beschäftigt sich bewusst oder unbewusst immer wieder mit den Situationen, die zu den negativen Gefühlen geführt haben. Wer sich diesen Stress nicht mehr antun möchte, der vergibt sich oder dem anderen Menschen, gegen den sich die negativen Emotionen richten. Doch so einfach ist das mit der Vergebung nicht.

Oft scheint es leichter, in der Opferrolle zu verbleiben, den Auslöser der negativen Gefühle zu ignorieren und in Selbstmitleid zu verfallen. Dennoch lohnt es sich, alte Gedankenmuster und Verhaltensweisen hinter sich zu lassen und mit einer ganz neuen Art der Vergebung eine positivere Lebensrealität zu erschaffen. Mit radikaler Vergebung ist es dir möglich, negative Emotionen und Sorgen loszulassen, das Unbehagen, das auf deinen Schultern lastet, abzulegen und neue Kraft für das Hier und Jetzt zu schöpfen.

Wie du vergeben lernen kannst und wie dir das nützt

Radikale Vergebung funktioniert bei negativen Gefühlen gegen dich selbst oder gegen andere. Der Prozess beschreibt das sofortige und uneingeschränkte Vergeben von Taten, Aussagen und Gedanken, die in dir diese negativen Emotionen ausgelöst haben. So sorgst du dafür, dass sich dein Bewusstsein und Unterbewusstsein nicht weiterhin mit dieser Negativität auseinandersetzen müssen und dein Fokus wieder auf positive Gedanken und Gefühle gelenkt wird.

Wissenschaftlich betrachtet, kann Vergebung starke positive Auswirkungen auf deine psychische und physische Gesundheit haben. Wer sich selbst und anderen wirklich vergibt, reduziert Stress, der bekanntlich negative Auswirkungen auf Körper und Geist mit sich bringen kann. So haben Forscher des Luther College in Iowa die körperliche und geistige Gesundheit von 148 jungen Erwachsenen untersucht und dabei eine Korrelation zwischen hohem, durch negative Emotionen erzeugtem Stress und gesundheitlichen Problemen feststellen können. Sie entdeckten im Rahmen der Untersuchung allerdings auch, dass es diese Verbindung bei Menschen, die in der Lage sind, anderen zu vergeben, nicht gab. Der Autor der Studie, Loren Toussaint, sprach in der »TIME« davon, dass Menschen, die keine Neigung dazu haben, anderen zu vergeben, die heftigen Auswirkungen des Stresses deutlich fühlen würden. Menschen mit der Fähigkeit zu verzeihen könnten Toussaint zufolge die negative Verbindung zwischen dem emotionalen Stress und den gesundheitlichen Problemen auflösen. Den Grund dafür konnten die Forscher allerdings nicht eindeutig feststellen.

In einer anderen Studie, durchgeführt von der Rotterdam School of Management der Erasmus University unter der Leitung von Xue Zheng, wurden die körperlichen Probleme

Warum haben so viele Menschen Probleme mit dem Vergeben?

Ungerechtigkeiten sind Teil des menschlichen Lebens. Oft sind Menschen schon so sehr daran gewöhnt, dass sie sich dieser Ungerechtigkeit einfach ergeben, anstatt selbst aktiv zu werden. Der Auslöser für negative Emotionen wird einfach akzeptiert – am Ende sind ja doch die anderen oder ganz einfach die Umstände schuld daran, dass es dir schlecht geht. Doch genau hier liegt der gedankliche Fehler, den so viele begehen. Du bist selbst verantwortlich für das, was du fühlst, und du bist der einzige Mensch, der aktiv etwas daran verändern kann.

genauer unter die Lupe genommen. Einige Menschen mit chronischen Rückenschmerzen wurden dafür in zwei Gruppen aufgeteilt. Die eine Gruppe erhielt regelmäßige Pflege durch Fachpersonal, während die andere regelmäßig meditierte und im Rahmen ihrer Meditationen ihre Wut über den Schmerz ablegen sollte.

Die meditierenden Teilnehmer sollten die vorhandene Situation so annehmen, wie sie war, und sich darüber klar werden, dass sie nicht selbst die Verursacher des Schmerzes waren. Mithilfe von Visualisierungen sollten sie sich außerdem vorstellen, welche Lebensfreude sie ohne den Schmerz empfinden würden. Die Ergebnisse waren auch hier deutlich: Die Meditierenden wiesen zum Ende der Studie deutlich bessere Resultate auf als die anderen Teilnehmer, die regelmäßig betreut wurden.

Vergib dir selbst

Mit der Vergebung ist es ähnlich wie mit der Liebe. Erst wenn du in der Lage bist, dir selbst zu vergeben und dich so anzunehmen, wie du bist, kannst du auch anderen Vergebung entgegenbringen. Bevor du versuchst, einem Expartner für seinen Betrug oder deinen Eltern für ihre Erziehungsfehler zu vergeben, solltest du mit dir selbst anfangen. Damit ist nicht einfach nur Vergebung für einzelne, womöglich problematische Lebensentscheidungen gemeint, sondern ganzheitliche Vergebung. Du musst lernen, dir selbst als Person, den Rollen, die du dir zuweist, deinen Weltanschauungen und deinen Bewertungen anderer Menschen zu vergeben. Gelingt dir das, so bist du bereits einen großen Schritt weiter und wirst merken, wie die Last auf deinen Schultern leichter wird.

Die Tipping-Methode

Den Begriff »radikale Vergebung« habe ich mir nicht ausgedacht. Er stammt aus der von Colin Tipping entwickelten »Tipping-Methode«. Sie verbindet psychotherapeutische und erfahrungsorientierte Verfahren mit einer spirituellen Sichtweise und dient dazu, negative Gefühle wie Wut, Schuldzuweisungen und Ärger aufzulösen. Gleichzeitig wird sie eingesetzt, um die Vorstellung, Opfer von bestimmten Umständen oder Personen zu sein, loszulassen. Dafür musst du dir allerdings kein Glaubenssystem aneignen. Die Sichtweise, die sich aus der Tipping-Methode ergibt, ist lediglich eine Möglichkeit, ein Lösungsansatz, um negative Emotionen loszulassen und zukünftige Ereignisse von vornherein aus einer neuen Sichtweise zu betrachten. So gehst du vor:

Ich selbst habe die Methode angewandt, wenn ich meine Seelenwunden, die mir andere Menschen zugefügt haben, heilen wollte.

1. Schritt: Beschreibe die Situation

Zu Beginn setzt du dich mit deiner belastenden Situation auseinander. Nimm eine Mikroverletzung, die immer noch an dir nagt. Schwere Traumata solltest du bereits mit therapeutischer Begleitung überwunden haben, bevor du dich diesen intensiven Themen zuwendest.

Es liegt an dir, die Situation so detailliert wie möglich zu beschreiben. Was dir dabei helfen kann, sind die Fragen »Was ist genau geschehen?«, »Wie geht es mir mit der Situation, wie fühle ich mich?« und »Wo nehme ich die Opferrolle ein, wo bin ich Opfer der Umstände oder einer Person geworden?«.

2. Schritt: Nimm deine Gefühle wahr

Schon im ersten Schritt haben deine Gefühle eine Rolle gespielt. Jetzt sollst du noch eine Ebene tiefer gehen und die in dir vorherrschenden Gefühle ganz genau wahrnehmen. Das kann unter Umständen schmerzlich und unangenehm sein. Oft hilft es aber auch, negative Emotionen ganz bewusst wahrzunehmen, um sie anschließend auflösen zu können. Hör genau in dich hinein und schreibe ganz konkret auf, welche Gefühle die Situation in dir auslöst. Beschreibe all deine Gefühle, wie sie dich beeinflussen, ob und welche körperlichen Reaktionen sie zur Folge haben und wie sie auf dein Denken abfärben. Lies dir all das Aufgeschriebene noch einmal durch und bring dich dazu, zu akzeptieren. Du allein kannst die Verantwortung für deine Gefühle übernehmen – und genau das solltest du jetzt auch tun. Werde dir deiner Gefühle bewusst, überlege, welche Lehren du aus der auslösenden Situation ziehen kannst.

3. Schritt: Analysiere deine Geschichte

Nun sollten deine Gefühle nicht mehr so intensiv wie in den ersten beiden Schritten sein und du kannst deine Geschichte, die auslösende Situation einer tieferen Analyse unterziehen. Frage dich, was tatsächlich geschehen ist, und versuche dabei, so rational wie möglich zu bleiben. Überlege dir außerdem, welche Interpretationen und Urteile du in der Situation selbst getroffen hast.

Ist dir das bewusst, so kannst du einen Blick in deine Vergangenheit werfen. Gab es bereits Situationen, in denen du ganz ähnliche Erfahrungen gemacht hast? Vermutlich ist das der Fall und so kannst du anhand der aktuellen und der vergangenen Situationen, deiner Interpretationen und deiner Gefühle Glaubenssätze formulieren, die an deiner Selbstwahrnehmung offensichtlich einen großen Anteil haben.

Werde dir nun bewusst, dass sich deine Gedanken über dich selbst letztendlich bewahrheiten – du aber die Möglichkeit hast, deine Gedanken zu verändern, indem du deine Glaubenssätze neu definierst.

4. Schritt: Wandle deine Geschichte um

Lass dir die gegenwärtige Situation noch einmal durch den Kopf gehen – ganz ohne emotionale Wertung. So wirst du dir über das tatsächliche Geschehen bewusst und kannst aus diesem deine eigenen Lehren ziehen. Betrachte deine Geschichte aus einem neuen Blickwinkel. Versuche, dich in dein Gegenüber zu versetzen, und frage dich, aus welcher Motivation es handelt. Steht wirklich eine böse Absicht hinter dem Tun des anderen? Steht die Situation überhaupt in direktem Zusammenhang mit dir oder ist der Auslöser vielmehr eine Emotion, ein innerer Schmerz deines Gegenübers?

Wenn du glaubst, die Beweggründe der Person verstehen zu können, hast du nun die Chance, deine eigenen Lehren aus der vergangenen Situation zu ziehen. Frage dich, wie du besser hättest reagieren können und wie du deinem Gegenüber hättest helfen können, seinen oder ihren inneren Schmerz abzulegen. Durch diese neue Art der Betrachtung wirst du merken: Nicht du bist das Opfer, sondern dein Gegenüber. Versuche, anstelle von Selbstmitleid Mitgefühl für den anderen zu empfinden und ihm, sobald du dazu bereit bist, zu verzeihen.

5. Schritt: Die Selbstkonditionierung

Die neu entwickelten Glaubenssätze und neu erlernten Blickwinkel gelten nicht nur für eine konkrete Situation. Möchtest du das nächste Mal sowohl nach innen als auch nach außen angemessener, kontrollierter oder einfühlsamer reagieren, musst du deine Glaubenssätze und Blickwinkel manifestieren. Damit das möglich ist, solltest du die gerade durchlebte Geschichte immer wieder neu durchleben.

Aufgrund deiner zunächst negativen Reaktion auf die bestehende Situation haben sich in deinem Gehirn neuronale Bahnen gebildet, die all die negativen Empfindungen wieder hochkochen lassen, wenn du an die Situation zurückdenkst. Durchbrechen kannst du diese Bahnen nur, indem du dich selbst konditionierst und die neue Geschichte aus dem vierten Schritt verfestigst – so lässt du in deinem Gehirn neue Verknüpfungen entstehen.

Versetze dich in regelmäßigen Abständen wieder zurück in die Situation und fokussiere dich dabei vor allem auf den inneren Schmerz und die Beweggründe deines Gegenübers. Gedanklich untermauerst du so die Rolle deines Gegenübers als das eigentliche Opfer seiner selbst und seines inneren Leids. Gleichzeitig hast du im Rahmen der regelmäßigen gedanklichen Wiederholung die Möglichkeit, die Geschichte mit neuen, positiven Gefühlen zu verknüpfen. Höre, während du die Geschichte in deinem Kopf wiederholst, deine Lieblingsmusik an, ziehe in der Vorstellung das Aussehen der beteiligten Person(en) ins Lächerliche oder versuche währenddessen ehrlich zu lächeln. Du wirst schnell merken, wie deine Seelenwunden nach und nach heilen und du widerstandsfähiger gegenüber Kränkungen wirst.

Umgang mit Krisen: Das Roller-Coaster-Modell

»Das Glück wohnt nicht im Besitze und nicht im Golde, das Glücksgefühl ist in der Seele zu Hause.«

DEMOKRIT

Das Leben kann manchmal ganz schön hart sein. Natürlich ist dir auch bewusst, dass Krisen einfach zu diesem Leben dazugehören. Allerdings gibt es viele Menschen, die von einer handfesten Lebenskrise ganz schön aus der Bahn geworfen werden. Es fühlt sich an, als würde das Leben einem mit voller Wucht ins Gesicht schlagen. Die Gefühle von Ohnmacht und Wut überwiegen, du haderst mit deinem eigenen Schicksal und leidest unter dem Verlust der Kontrolle über dein Leben. Du erlebst eine reine Gefühlsachterbahn aus Paralyse, Resignation, Aggression, Trauer und Angst. Manchmal kommt es aber nicht so dick und statt einer heftigen emotionalen Herausforderung können auch immer wieder stechende Mikroverletzungen dein Leben aus der Balance bringen.

Bemerkenswerterweise sind die Gefühle bei den meisten Menschen mehr oder weniger gleich, obwohl es so viele unterschiedliche Krisen gibt.

Die Gefühlsachterbahn

Von Psychologen werden die unterschiedlichen Phasen der Gefühle, die du in einer Krise erlebst, als Roller Coaster Ride bezeichnet, also als eine Achterbahnfahrt der Gefühle – diese gestaltet sich abhängig davon, wie viele Niederlagen und erneute Anstrengungen aufeinanderfolgen.

Es ist dabei interessant, dass für alle möglichen Arten von seelischen Verletzungen, von Mikroverletzungen bis hin zu traumatischen Erfahrungen, die Phasen, die durchlaufen werden, ähnlich sind, ganz egal, ob es sich um den Verlust eines Arbeitsplatzes, den Tod eines Menschen oder um Liebeskummer handelt. Der Verlauf der Achterbahnfahrt gestaltet sich nahezu immer ähnlich.

Natürlich macht es die ganze Sache für dich nicht besser. Leider gibt es kein allgemeingültiges Rezept, wie die einzelnen Phasen der Gefühle vermieden werden können. Dennoch können die Phasen durchaus milder verlaufen: Wenn du dir bewusst machst, in welcher Phase der Gefühle du selbst dich befindest oder eine enge Bezugsperson, dann wird dir die Situation schon bald in einem ganz anderen Licht erscheinen und es ist einfacher, Hilfe zu bekommen oder solche zu leisten. Daher erkläre ich dir hier die verschiedenen Phasen des Roller-Coaster-Modells zur Überwindung von Mikroverletzungen ausführlich. Die einzelnen Phasen der Emotionen sind:

Vorahnung

Der Betroffene befürchtet eine bevorstehende Krise, etwa eine anstehende Kündigung. Daraufhin werden die möglichen emotionalen und finanziellen Kosten und etwaige Reaktionen darauf abgewogen.

Schock

Auch wenn bereits eine Vorahnung vorhanden war – nun ist die Befürchtung zu absoluter Gewissheit geworden. Der Worst Case ist eingetreten und natürlich herrscht darüber eine große Enttäuschung. Dies ist der Moment, in dem der Schock einsetzt. Nach diesem benötigt man vor allem Zeit, um die Situation wirklich zu begreifen und sich der Einsicht zu stellen, dass das Ergebnis nun endgültig ist.

Trauer

Nach dem Schock brauchen die Menschen eine Zeit zum Trauern. Diese Auszeit gehört bei der Bewältigung einer Krise fest dazu. Häufig kommt es nach einer Weile dabei zu einer gewissen Erleichterung. Schließlich haben das Warten, die Ungewissheit und die Vorahnung nun ein Ende. Und das Leben geht wieder weiter.

Anstrengung

Es ist an der Zeit, neue Pläne zu schmieden und zu überlegen, wie es genau weitergehen soll. Im Fall eines Arbeitsplatzverlustes ist es jetzt an der Zeit, die Bewerbungsunterlagen auf den aktuellen Stand zu bringen und Stellenangebote in Jobbörsen zu studieren. Eine erste zaghafte Hoffnung setzt ein. Die Betroffenen sprechen sich in dieser Phase Mut zu und strengen sich an. Wenn es zu diesem Zeitpunkt schon zu ersten Erfolgserlebnissen kommt, können einige weitere Phasen übersprungen werden.

Sorgen

Mit der Hoffnung, die erst einmal aufzukeimen scheint, kommen allerdings auch erste Selbstzweifel. Aus diesen eigentlich nur zeitlich begrenzten Sorgen können sich große Ängste wie Existenz- und Zukunftsängste entwickeln.

Leugnen

Wenn es in einer solchen Situation so gar nicht aufwärts- oder weitergehen möchte und alle ersten Versuche ohne Erfolg bleiben, kommt es erst einmal zum Leugnen, denn aufzugeben ist keine Option. Stattdessen wird die aktuelle Situation positiver dargestellt, als sie vielleicht in der Realität eigentlich ist, sowohl sich selbst gegenüber als auch im Freundes- und Bekanntenkreis.

Wut

Wenn es einfach nicht weitergehen will, ist die Frustration groß. Der Auslöser der aktuellen Krise, wie beispielsweise der Jobverlust, wird noch einmal neu analysiert und die Suche nach den Schuldigen beginnt. Deswegen steigt die Wut immer weiter an und wird als Erklärung genommen, warum einfach kein Versuch, die Situation zu ändern, klappen will.

Aufgeben

In dieser Phase scheint einfach nichts zu helfen, noch nicht mal wütendes Schimpfen oder trauriges Jammern. Der Betroffene scheint nun überhaupt nicht mehr auf den richtigen Weg zurückzufinden. Dann kommt es zu einer Resignation des Betroffenen und er gibt die Situation und im schlimmsten Fall auch sich selbst auf.

Depression

Abhängig davon, wie groß der erlittene Verlust im Leben war – es kann daran ein erheblicher Teil des eigenen Selbstwertgefühls hängen. Auch das Selbstvertrauen wird dadurch massiv geschädigt. Dies hat natürlich auch auf die restliche Psyche und die Seele einen starken negativen Einfluss. Daher verfallen in dieser Phase viele Betroffene in eine ausgewachsene Depression.

Hoffnung

Es muss jedoch nicht in allen Fällen so schlimm werden. Vielleicht fasst man wieder Mut, kann neue Chancen zutage fördern und sieht endlich wieder das Licht am Ende des Tunnels. All das wirkt sich positiv auf die Emotionen aus. So kann man schließlich neue Kraftreserven schöpfen und der Betroffene strengt sich wieder an.

Enthusiasmus
Alles sieht endlich wieder gut aus. Eine neue Anstellung, die Lösung oder der lang ersehnte Ausweg scheint zum Greifen nah. Dadurch werden im Körper alle Kräfte und Reserven mobilisiert. Der Betroffene fühlt sich geradezu euphorisch und die Krise scheint schon jetzt beinahe überwunden.

Überwindung
In dieser Phase hat der Betroffene seine Lebenskrise tatsächlich hinter sich gelassen. Viele Menschen gehen aus solchen Erfahrungen sogar noch stärker als zuvor heraus. Hier wird die Resilienz gebildet.

Wie du mit der Gefühlsachterbahn richtig umgehst

Als Erstes solltest du dir klarmachen, dass in der Verdrängung deiner Gefühle niemals die Lösung liegt. Emotionen, die in dir sind, kannst du nicht langfristig wegdiskutieren oder gar leugnen. Mach dir bewusst, dass deine Emotionen und Gefühle zu den schweren Zeiten, die du vielleicht durchlebst oder in der Vergangenheit durchlebt hast, einfach dazugehören. Der erste Schritt liegt also darin, die Gefühle zu akzeptieren und vor allem zuzulassen. Du darfst sie fühlen!

Danach solltest du dich bewusst und ehrlich mit deinen Gefühlen auseinandersetzen. Sie zeigen nicht, dass du schwach bist, sondern sind ein Teil, der nötig ist, damit du im Folgenden deine Handlungsfähigkeit wieder zurückgewinnen kannst. Damit du die Ohnmacht, die du gerade empfindest, hinter dir lassen kannst, musst du die Situation und die damit verbundenen Emotionen akzeptieren.

Oft ist die Gefühlsachterbahn allerdings vielmehr eine Folge oder ein Symptom – die Ursache ist dann ganz woanders zu finden. Stell dir also die Frage, was dahinterstecken könnte. Hast du vielleicht eine falsche Strategie an den Tag gelegt oder falsche Entscheidungen getroffen? Oder handelt es sich wirklich nur um unglückliche Zufälle, die dich in deine aktuelle Situation gebracht haben? Wenn du deine negativen Gefühle nutzt, um auf die Suche nach den genauen Ursachen zu gehen, gewinnst du die Kontrolle zurück und stehst vor neuen Handlungsoptionen. Dabei bekommst du oft neue Ideen, wie du deine Zukunft nun aktiv gestalten kannst. Das Wichtigste ist dabei, dass du selbst deine Gefühle kontrollierst und dich nicht von deinen Emotionen abhängig machst.

Wenn du immer mehr den Eindruck gewinnst, dass gar nichts mehr gelingen will, dann solltest du umso mehr in Bewegung bleiben – nicht nur geistig, sondern auch körperlich. Unternimm Spaziergänge, in diesen steckt nämlich ein großes Potenzial zur Mobilisierung. Hier schöpfst du neue Kreativität und erweiterst deinen Horizont. Zusätzlich baut die Bewegung des Körpers aufgestauten Stress ab und regt deine Gedanken an. Wenn du dich nur zu Hause verkriechst und nichts mehr unternimmst, folgt bald die Resignation – dies kann deine Abwärtsspirale noch weiter verstärken. Du musst immer weitermachen und deine Strategien dabei so oft wechseln, wie es nun einmal erforderlich ist. In einer Situation still zu verharren, ist niemals die beste Lösung.

Auch solltest du unbedingt versuchen, einen klaren Kopf zu behalten. So kannst du die Situation und die Dinge wesentlich besser einschätzen. Wenn du deine Gedanken einmal zu Papier bringst und aufschreibst, kann dies besonders gut gelingen. Das Aufschreiben deiner Gefühle und Gedanken wirkt sich positiv auf deine Emotionen aus, also darauf, wie du deine Gefühle bewertest und interpretierst. So kann dir das Aufschreiben dabei helfen, die Krise schneller zu überwinden.

Impuls: Strukturiere deinen Tag

Du kannst dir selbst eine Art Ordnungstherapie auferlegen. So entsteht ein eigenes Gerüst, an dem du dich orientieren kannst und das dir Halt bietet. Stell dir den Wecker, erledige Termine, mach eine Pause und iss zu festgelegten Zeiten. Dies wirkt sich langfristig positiv auf dein Leben aus und hilft dir, eine Krise schneller zu meistern.

Nun kennst du die einzelnen Phasen, die du während einer Krise durchlebst, und wirst dich dadurch nicht mehr hilflos der Situation ausgeliefert fühlen. Wenn du diese Tipps beherzigst, wirst du sehen, dass du Mikroverletzungen in deinem Leben zwar nicht vermeiden kannst, dennoch aber wesentlich besser mit ihnen umgehen können wirst.

Das Resonanzprinzip

»Wie man in den Wald reinruft, so schallt es auch heraus.«

MARIA NIEMEIER, MEINE OMA

Ja, mit diesem Satz bin ich groß geworden und meine Oma hat damit das Resonanzprinzip perfekt beschrieben. Es wird von vielen Menschen für eine effektive Zielerreichung eingesetzt und für ein glückliches Leben genutzt, manchmal sehr bewusst, meistens jedoch wirkt es unbewusst. Es geht dabei um die eigenen Überzeugungen, die Geisteshaltung und das Erkennen von Einflüssen aus der Umgebung. Das Denkmodell des Resonanzprinzips kann, richtig eingesetzt, vor allem in schweren Zeiten sehr hilfreich sein, denn es hat auch enormen Einfluss auf deine Selbstheilungskräfte und damit auf die Überwindung deiner Seelenwunden.

Das Gesetz der Anziehung, wie das Resonanzprinzip auch genannt wird, kannst auch du wunderbar für dich selbst und für deine Ziele nutzen.

Gleiches zieht Gleiches an

Mit diesem Satz lässt sich das Gesetz der Anziehung am besten beschreiben. Das Resonanzgesetz unterstützt dich dabei, ein harmonisches und selbstbestimmtes Leben zu führen. Es sagt aus, dass deine erlebte Realität durch deine Gedanken, Gefühle und durch deine innere Einstellung entstehen. Worauf du deinen Fokus richtest, dahin fließen deine Aufmerksamkeit und Energie.

Du ziehst das an, was du denkst und fühlst. Im Folgenden will ich dir zeigen, wie du mithilfe des Resonanzgesetzes dein Leben positiv beeinflussen und Seelenwunden heilen kannst.

Der Bumerang des Lebens

Alles, was du gibst, kommt wie ein Bumerang zu dir zurück. Das Glück, die Dankbarkeit, die Freude, die wir empfinden, hängen laut Resonanzprinzip damit zusammen, was wir ausstrahlen, fühlen und glauben.

Im Volksmund gibt es zahlreiche Sprichwörter, die das Gesetz der Anziehung ganz gut auf den Punkt bringen. Nicht nur der Satz meiner Oma »Wie man in den Wald reinruft, so schallt es auch heraus« ist bekannt. »Gleich und Gleich gesellt sich gern« kennst du sicher auch.

Jeder von uns ruft tagtäglich Dinge in den eigenen Lebenswald, in seine eigene Lebenswelt. Das ist nicht allein auf die Worte bezogen, sondern vielmehr auf unsere Denkweisen, Emotionen, Entscheidungen sowie Handlungen.

»Egal ob du denkst, du kannst es oder du kannst es nicht, du wirst recht behalten.« Dieses Zitat von Henry Ford sowie weitere unzählige Zitate aus dem Bereich von Literatur, Kunst, Politik und Wirtschaft bestätigen das Gesetz der Anziehung. Viele legen das Resonanzgesetz so aus, dass alles, was uns passiert, etwas mit uns selbst zu tun hat. Die Sichtweise ist nicht hundertprozentig stimmig, denn alle Lebensumstände und Ereignisse können wir sicher nicht beeinflussen. Aber wir können Folgendes tun: Wir entscheiden, wie wir mit dem, was uns passiert, umgehen.

Es kommt also entscheidend auf die innere Haltung an, mit der wir den Herausforderungen des Lebens begegnen. Fokussieren wir uns auf Probleme, sehen wir viele Probleme. Fokussieren wir uns auf Lösungen, finden wir Lösungen. Gehen wir mit Misstrauen durchs Leben, erleben wir Vertrauensbrüche. Schenken wir Vertrauen, so finden wir Vertraute.

Die Geschichte von Paul und Otto

Paul und Otto sind erwachsene Zwillingsbrüder. Ihr Elternhaus war alles andere als liebevoll, denn ihre Kindheit war geprägt von Gewalt, Drogen und Ängsten. Paul ist heute ein glücklicher, gesunder und erfolgreicher Geschäftsmann. Er führt mit seiner liebevollen Frau und den entzückenden Kindern ein friedvolles Leben. Otto lebt auf der Straße, ist drogenabhängig und Gewalt bestimmt seinen Alltag. Fragt man die Brüder, weshalb sie so ein Leben leben, geben beide die gleiche Antwort: »Ich hatte eine schwere Kindheit.« Der Unterschied ist, dass Paul alles Mögliche getan hat, alle Hebel in Bewegung gesetzt hat, um NICHT das Leben seiner Eltern zu wiederholen. Durch die einschneidenden Kindheitserlebnisse hat er seine Gedanken und sein Tun darauf gerichtet, ein Leben nach seinen Vorstellungen aufzubauen. Und weil er sein Ziel intensiv ins Visier genommen hat, ist das in sein Leben getreten, worauf er sich fokussiert hat.

Das Resonanzprinzip in der Liebe

Das Gesetz der Anziehung ist ein interessantes und nützliches Denkmodell. Wenn du dir über die Wirkung des Resonanzprinzips bewusst bist, dann kannst du aktiv Einfluss nehmen. Gibt es bei dir immer wieder ähnliche Situationen, wie beispielsweise häufige Trennungen von Partnern aus dem gleichen Grund, dann hilft das Prinzip dabei, dich im ersten Schritt selbst zu reflektieren. Natürlich scheint es immer einfacher, die Schuld auf andere zu schieben. Aber die Frage ist doch, wer war in der Situation immer dabei? Wenn du Teil des Geschehens bist, dann kann es helfen, deinen Anteil zu suchen. Vielleicht wertschätzt und liebst du dich selbst nicht genug. Und wenn du dir selbst nicht den nötigen Respekt entgegenbringst, dann ziehst du Menschen an, die dir das widerspiegeln. Du ziehst nicht das an, was du gerne möchtest. Du ziehst das an, wovon du glaubst, dass es die Wahrheit ist.

Deine innere Welt formt deine äußere Welt

Wenn du etwas in deinem Leben ändern möchtest, dann bringen Abwarten und Aushalten kaum etwas. Viele Menschen hoffen darauf, dass sich etwas ändert, aber verändern selbst nichts. Keine Person, keine Situation kann für dein Lebensglück sorgen, sondern du darfst das Ruder deines Lebensbootes in die Hand nehmen und steuern. Ändere deine Sichtweise, und du änderst deine erlebte Realität.

Wenn du weiterhin jeden Tag das tust, was du bisher getan hast, dann bekommst du auch das, was du immer bekommen hast.

Kennst du das? Du kaufst dir ein Auto einer bestimmten Marke und auf einmal siehst du mehr Autos dieser Marke im Straßenverkehr als vorher. Fahren auf einmal mehr Autos der gleichen Marke umher? Natürlich nicht, deine Aufmerksamkeit hat sich geändert und du nimmst dadurch andere Dinge wahr, auf die du vorher nicht geachtet hast.

Genauso ist das mit deinem persönlichen Umfeld. Gehst du voller Freude durchs Leben, dann triffst du auch auf Menschen, die ähnlich ticken. Hast du ein Ziel vor Augen und freust dich schon unglaublich darauf, dann findest du auf einmal Mittel und Wege, wie du an dein Ziel gelangst. Du musst nur losgehen.

Deine Leidenschaft und der Erfolg

Wir leben alle auf dem gleichen Planeten, und doch hat jeder einen anderen Horizont. Viele Menschen tragen sich klagend durch den Alltag und fühlen sich als Opfer ihrer Umstände. Und ja, die Umstände sind oft richtig herausfordernd, doch wichtig ist eben, wie wir damit umgehen. Nicht das Problem ist das Problem, sondern wie wir über das Problem denken.

Stell dir vor, dein Kollege schimpft ständig über die geringe Bezahlung, die Überstunden, den großen Berg Arbeit. Dein Kollege und du, ihr macht genau das Gleiche, doch du fühlst dich sehr wohl, du machst die Überstunden gerne, da du deinen Job liebst und den Sinn dahinter erkennst. Du bekommst ein niedriges Gehalt, aber für dich zählen eher die Freude und die Leidenschaft, am Unternehmensziel mitzuarbeiten.

Was meinst du, wer wird eher befördert? Auch im Berufsleben wirkt das Gesetz der Anziehung. Liebst du das, was du tust, dann zahlt sich das aus und der Erfolg kommt. Auch wenn du nicht in dieser Firma Karriere machst – du wirst Angebote von anderen Firmen bekommen oder gründest vielleicht ein eigenes Unternehmen.

Jeder Tag ist ein neues Leben

Wenn wir uns darüber klar werden, wie wir unser Leben bisher gelebt haben, kommen bei vielen Menschen Schuldgefühle auf. Immer wenn diese Gefühle anklopfen, dann geh möglichst verständnisvoll und entspannt mit dir um. Du hast in der Vergangenheit das getan, was für dich in dem Moment möglich war. Jetzt hast du jeden Tag die Chance, dein Leben auf andere, neue Weise in die Hand zu nehmen und Schritt für Schritt etwas zu verändern.

Deine täglichen Entscheidungen, auch wenn sie noch so klein sind, bilden in der Summe dein Leben. Keiner ist perfekt – Menschen sind absolut unperfekt. Jeder trägt einen Rucksack voller Zweifel, Ängste und Schwächen mit sich herum.

Impuls: Bringe Bewusstsein in dein Leben

Gehe liebevoll mit dir um und lerne dich jeden Tag ein bisschen besser kennen. Frage dich in Momenten, die dich verletzen oder dir Sorge bereiten: Was habe ich damit zu tun? Was kann ich tun, um dies oder jenes zu ändern? Allein das Bewusstsein, das Erkennen, bringt oft schon unglaubliche Erleichterung und inneren Frieden mit sich. Lebe deinen Alltag so, als wenn du das schon hättest, was du dir von Herzen wünschst. Dann wird es zur Realität. Das Resonanzprinzip ist immer wirksam.

Macht dich das nachdenklich? Fragst du dich nun: Oh je, was habe ich ausgesendet, dass diese oder jene Resonanz in mein Leben getreten ist? Diese rückwärtsgerichtete Frage hilft dir nicht weiter. Frage dich stattdessen lieber: Was kann ich jetzt und heute tun, um das Resonanzprinzip für mehr Lebensfreude zu nutzen?

Sich selbst erfüllende Prophezeiung: Die Macht der Gedanken

»Unser Leben ist das Produkt unserer Gedanken.«

MARCUS AURELIUS

Positive Gedanken verbessern die Stimmung, vielen Menschen ist das bekannt. Doch auch negative Erwartungen neigen dazu, wahr zu werden. Die Zusammenhänge habe ich dir schon im Kapitel zum Resonanzprinzip vorgestellt (ab Seite 126). Bist du dir darüber im Klaren, wie mächtig deine eigenen Gedanken sind und wie sich diese auf deine Stimmung auswirken können? Eine sogenannte sich selbst erfüllende Prophezeiung ist vielseitig wirksam, ob im Berufs- oder im Privatleben.

Wenn das, was wir meinen, wahr wird

Es geht bei der sich selbst erfüllenden Prophezeiung um ein Denkmuster, das dazu in der Lage ist, unser Verhalten oder das unserer Mitmenschen zu beeinflussen. Wenn du ein bestimmtes Ereignis oder Verhalten erwartest, erhöhst du die Wahrscheinlichkeit, dass genau dieses Ereignis tatsächlich eintritt. Dies gilt sowohl für positive als auch für negative Erwartungen. Ein Optimist behält mit seinen Prophezeiungen ebenso oft recht wie ein Pessimist. Wer dieses Wissen für sein eigenes Leben gezielt einsetzt, kann stark davon profitieren.

Erstaunliche Effekte

Anhand zahlreicher Experimente wurde nachgewiesen, dass sowohl positive als auch negative Gedanken unser Verhalten und das unserer Mitmenschen beeinflussen können. Da die wissenschaftliche Definition dieses Phänomens recht abstrakt ist, lässt es sich leichter mithilfe von anschaulichen Beispielen erklären.

Der Pygmalioneffekt

Dieser Effekt wurde von den amerikanischen Psychologen Lenore Jacobson und Robert Rosenthal bereits in den 1960er-Jahren entdeckt. Sie führten eine Studie an einer Grundschule durch, die sich mit sich selbst erfüllenden Prophezeiungen beschäftigte.

Die beiden Wissenschaftler wählten zufällig einige Schüler aus. Danach erklärten sie den Lehrern, dass diese Schüler besonders begabt seien und deswegen gute schulische Leistungen zu erwarten seien. Nach einem Jahr verglichen sie diese Schüler mit denen aus der Kontrollgruppe und führten Tests durch. Das Ergebnis war, dass genau diese Schüler ihre Leistungen erheblich steigern konnten. Psychologen nennen dies den Pygmalioneffekt. Die Wissenschaftler beeinflussten die Erwartungen, die die Lehrer an die zufällig ausgewählten Schüler hatten. Dadurch waren die Schüler höheren Anforderungen ausgesetzt und die Lehrer setzten Lob und Tadel unbewusst so ein, dass ihre Prophezeiungen wahr wurden.

Prüfungsangst oder Selbstvertrauen

Fast jeder kennt es: Ein wichtiger Test steht an und obwohl man sich gut vorbereitet hat, geht man mit negativen Erwartungen in die Prüfung. Menschen beeinflussen damit automatisch das Ergebnis zum Negativen. Die sich selbst erfüllende Prophezeiung erfüllt sich. Wer stattdessen mit einer »Ich-schaffe-das«-Einstellung in den Test geht, bewirkt genau das Gegenteil.

Ist dein Geld sicher?
Die meisten Menschen gehen davon aus, dass ihr Geld bei der Bank sicher ist. Doch wenn unerwartet das Gerücht auftaucht, die Bank stehe kurz vor der Pleite, führt das dazu, dass die Leute ihr Geld von dieser Bank abziehen. Das Risiko eines solchen Szenarios steigt, je glaubwürdiger die Quelle für die Fehlinformation ist.

So kannst du die sich selbst erfüllende Prophezeiung einsetzen

Die dargestellten Beispiele zeigen deutlich, dass wir vorsichtig mit unseren Erwartungen und Vorstellungen sein sollten. Es besteht eine gute Chance, dass sie tatsächlich eintreten werden. Wer das Phänomen bewusst einsetzt, um das eigene Leben zu beeinflussen und seine Ziele zu erreichen, hat einen großen Vorteil gegenüber anderen.

Für viele Menschen klingt es zu schön, um wahr zu sein: Du glaubst an etwas, was du erreichen willst, und erhöhst damit tatsächlich die Chance für deinen Erfolg. Gerade weil es so einfach ist, kann eine sich selbst erfüllende Prophezeiung so mächtig sein. Wer sich das Phänomen zunutze machen will, kann dies ohne großen Aufwand tun. Du musst keine komplexen Theorien verstehen und auch keine Vorbereitungen treffen.

Wenn du das Wissen gezielt anwendest, kannst nicht nur du, sondern auch dein Umfeld davon profitieren.

Steht eine schwierige Situation an, ist es allein deine Entscheidung, wie du damit umgehst. Bist du von Anfang an pessimistisch und glaubst, dass du scheitern wirst, beeinflusst das dein Verhalten negativ. Auf der anderen Seite wirkt sich eine positive Erwartungshaltung fördernd auf deinen Erfolg aus. Dein

Unterbewusstsein hat einen großen Einfluss auf dein Leben und ob sich die Dinge zum Guten wenden.

Das Beispiel des Pygmalioneffekts zeigt deutlich, dass auch dein Umfeld von deinen Erwartungen beeinflusst wird. Glaube in Zukunft an den Erfolg deiner Freunde, Kollegen und Familienmitglieder, um auch ihr Leben positiv zu beeinflussen.

Immer positiv zu denken und den eigenen Fähigkeiten voll und ganz zu vertrauen, mag sich für dich leichter anhören, als es ist. Die Erfahrung zeigt, dass es vielen Menschen schwerfällt, immer an sich zu glauben und negative Erwartungen aus ihrem Leben zu verbannen. Selbstzweifel sind etwas, womit jeder hin und wieder zu kämpfen hat.

Die folgenden Tipps helfen, auch in schwierigen Situationen eine positive Einstellung zu bewahren:

Erlaube dir zu träumen

Auch wenn du schon viel erreicht hast, solltest du dich nicht darauf ausruhen. Jeder Mensch hat bestimmte Ziele, Wünsche und Träume, die er gern wahr werden lassen will. Glaube an dich und halte an deinen Zielen fest. Die Wahrscheinlichkeit ist hoch, dass du irgendwann erfolgreich sein wirst.

Konkretisiere deine Ziele

Wenn du positive Erwartungen formulieren möchtest, hilft es, dir konkrete Fragen zu stellen.

- ◇ Was willst du genau erreichen?
- ◇ Was bedeutet das Ziel für dich?
- ◇ Warum willst du es erreichen?
- ◇ Was bist du bereit, dafür zu tun?

Wenn du den Effekt noch verstärken willst, schreibe dir die Antworten handschriftlich auf einen Zettel und suche dir einen

Platz dafür in deiner Wohnung, wo du die Fragen und Antworten regelmäßig zu Gesicht bekommst.

Bleibe stets optimistisch

Lass dich niemals von deinen Zielen abbringen. Zweifel und negative Gedanken sind normal und werden höchstwahrscheinlich hin und wieder auftreten. Wenn du es schaffst, trotzdem optimistisch zu bleiben, sorgt die sich selbst erfüllende Prophezeiung dafür, dass du deine Ziele erreichen wirst.

Erkenne die Macht deines Denkens mit dem Placeboeffekt

Es gibt einen eindeutigen Beweis dafür, welchen Einfluss unser Denken auf unseren Körper und auf unser Leben im Allgemeinen hat: den Placeboeffekt. Ärzte verabreichen ihren Patienten in einigen Fällen sogenannte Placebos. Das sind Medikamente, die keine Wirkstoffe enthalten und stattdessen nur aus Zucker bestehen, ohne dass die Patienten Bescheid wüssten. Viele Experimente haben gezeigt, dass diese unter bestimmten Voraussetzungen genauso gut wirken wie echte Medikamente. Der einzige Wirkstoff eines Placebos ist der Glaube an die Wirkung. Ein Paradebeispiel für eine sich selbst erfüllende Prophezeiung.

Wenn Menschen fest davon überzeugt sind und an ihre Heilung glauben, ist der Körper dazu in der Lage, enorme Selbstheilungskräfte zu entwickeln. Deshalb werden sie selbst mit Placebos wieder kerngesund.

Auch bei hypnotisierten Menschen ist sehr gut zu erkennen, wie groß die Macht des Denkens ist. Wenn man jemandem in Hypnose suggeriert, dass ein glühend heißer Gegenstand auf seiner Hand liegt, kann es passieren, dass sich tatsächlich eine

Brandblase bildet, obwohl der Gegenstand normale Zimmertemperatur hatte. Und wenn man ihm suggeriert, dass er sich in einem furchtbar kalten Raum befindet, fängt er augenscheinlich an zu frieren. Der pure Glaube an bestimme Umstände reicht aus, um echte körperliche Reaktionen hervorzurufen.

Solche Experimente zeigen, dass in jedem Menschen Kräfte und Fähigkeiten schlummern, die nur darauf warten, durch eine sich selbst erfüllende Prophezeiung entfesselt zu werden. Das ist der Grund, warum viele Optimisten so erfolgreich sind und Pessimisten ständig Pech haben. Durch ihre Erwartungen rufen sie diese Umstände eigenständig hervor.

Sich selbst erfüllende Prophezeiungen in Studien und Forschung

Bei vielen Studien lässt sich sehr gut beobachten, in welchem Maße Menschen deren Ausgang durch eine sich selbst erfüllende Prophezeiung beeinflussen. Wenn ein Forscher weiß, dass zwei Patienten unterschiedliche Medikamente erhalten haben, wird er diese höchstwahrscheinlich unbewusst auch unterschiedlich behandeln.

Der Sinn von Doppelblindstudien

Um Voreingenommenheit zu verhindern, die die Ergebnisse beeinflussen könnte, ist es in der Wissenschaft längst üblich, sogenannte Doppelblindstudien durchzuführen. Die Parameter der Studien werden so eingerichtet, dass weder die Wissenschaftler noch die Teilnehmer wissen, wer sich in der Kontrollgruppe befindet und wer nicht. Das unbewusste Verhalten der Forscher würde die Ergebnisse der Studie manipulieren.

Sei vorsichtig mit Wunschdenken

Sich selbst erfüllende Prophezeiungen und positive Erwartungen können leider auch genau das Gegenteil bewirken. Dies ist dann der Fall, wenn unser Wunschdenken nicht dazu beiträgt, unsere Ziele zu erreichen, sondern uns stattdessen nur im Weg steht. Manche Menschen neigen beispielsweise dazu, einen geringeren Aufwand zu betreiben, weil sie denken, es wird schon klappen. Auch die Vorfreude auf bestimme Ereignisse kann einem die Energie rauben, diese Ziele tatsächlich aktiv zu verfolgen.

Es ist wichtig, nicht nur positiv zu denken, sondern darüber hinaus auch wirklich zur Tat zu schreiten.

Wie bei so vielem kommt es bei sich selbst erfüllenden Prophezeiungen auf die Dosis an. Positiv zu denken und entsprechende Erwartungen zu haben, ist wichtig. Ruhe dich jedoch nicht auf deiner Vorfreude aus. Tritt in Aktion und sorge tatkräftig dafür, dass deine Träume wahr werden. So wirst du immer weniger anfällig für Mikroverletzungen und Seelenwunden bleiben dir zunehmend erspart.

Reframing oder Umdeutung

»Der Schmerz ist der große Lehrer der Menschen.
Unter seinem Hauche entfalten sich die Seelen.«
MARIE VON EBNER-ESCHENBACH

Dir hilft es bestimmt auch in einigen Situationen, Sachverhalte und Dinge von einer neuen Perspektive aus zu betrachten. Sinn macht dies vor allem dann, wenn du aktuell an einem Punkt in deinem Leben stehst, an dem es scheint, als würdest du einfach nicht mehr vorwärtskommen – egal, wie sehr du dich anstrengst. Auch wenn du dazu beitragen willst, dass deine Seelenwunden nach und nach heilen, kannst du die höchst wirksame Methode des Reframings nutzen, wie sie in der Psychologie und im Coaching genannt wird. Ich habe sie bereits mit zahlreichen Klienten angewendet und du kannst diese heilsame Methode auch ganz für dich allein nutzen.

Das obige Zitat ist ein klassisches Beispiel für Reframing. Dabei treten die Vorteile des Effektes einer Umdeutung zutage. In Situationen, in denen du es schaffst, Sachverhalte in einem komplett neuen Zusammenhang zu betrachten, bist du der Lösung deines Problems oft schon viele Schritte näher als zuvor. Nicht nur in Lebenssituationen, die krisenbehaftet sind, erweist uns das Reframing wertvolle Dienste – es kann auch ganz grundsätzlich dazu beitragen, dass du in deinem Leben eine größere Zufriedenheit und eine positivere Einstellung an den Tag legst. Wie das Reframing funktioniert und auf welchen Wegen du es für dich und dein Leben nutzen kannst, zeige ich dir jetzt.

Fang jetzt an, neu zu denken

Reframing stellt innerhalb der Psychologie eine systematische Therapie dar. Auf Deutsch übersetzt bedeutet es so viel wie: den Dingen einen neuen Rahmen geben (frame = Rahmen). Der Ursprung des Reframings liegt in der systemischen Familientherapie und ist auch in dem Themengebiet des Neurolinguistischen Programmierens (NLP) bekannt.

Menschen üben sich jeden Tag im Reframing, oft ohne es zu merken. Sie interpretieren Ereignisse. Diese Interpretationen basieren auf speziellen Zuschreibungen, Erwartungen und Denkmustern. Du bettest deine Alltagserfahrungen also wörtlich in einem »Rahmen« ein. Was das nach sich zieht, ist von deiner ganz persönlichen Tagesform abhängig, denn das Reframing kann sowohl positiv als auch negativ verlaufen. Mit der Zeit wird es zu einer großen Belastung, wenn das negative Framing überhandnimmt, wenn also Erfahrungen und Situationen vor allem negativ bewertet werden. Denn dadurch geschieht eine Einengung, die immer nur bestimmte Aspekte einer Situation wahrnimmt.

Konstruktives positives Denken kann dir dabei helfen, aktiv etwas daran zu verändern. Im Grunde handelt es sich dabei ebenfalls um eine Variante des Reframings. Durch das konstruktive Denken betrachtest du Situationen und Erfahrungen dann nämlich unter positiven Vorzeichen. Und dies kann einen sehr großen und schönen Einfluss auf dein Leben haben.

Beispiele

Durch das Reframing ist es möglich, einem Geschehen oder einer bestimmten Situation einen neuen Sinn oder eine andere Bedeutung zu verleihen. Dafür muss man den Versuch unternehmen, auf die Situation aus einem anderen Kontext heraus zu blicken. Die folgenden Beispiele machen dir dies vielleicht noch deutlicher.

Wenn du eine Sache betrachtest, dann hängt die Art, wie du das machst und wie du das Geschehen bewertest, von unterschiedlichen Faktoren ab. Hier spielen deine grundsätzliche Einstellung zum Leben oder auch deine Tagesform eine große Rolle. Ein Glas kann beispielsweise als halb leer oder als halb voll gesehen werden – sicherlich kennst du dieses Beispiel. Im Glas ist allerdings immer genau gleich viel Wasser vorhanden. Erst deine Perspektive verleiht dem Sachverhalt eine vollkommen neue Facette.

Um etwas konkreter zu werden: Wenn der Chef seinen Angestellten unfair von der Seite anmotzt, muss der dies beispielsweise nicht persönlich nehmen. Er könnte die Situation auch so betrachten, dass der Chef sich am Morgen womöglich mit seiner Frau gestritten oder einfach schlecht geschlafen hat.

Wenn man eine Absage auf eine Bewerbung erhält, kann man dies auch so sehen: Vielleicht kann man einen Umzug vermeiden und sich viel Kummer ersparen, da man die gewohnte und lieb gewonnene Umgebung nicht verlassen muss.

Hilfreich oder Realitätsverweigerung?

Ist Reframing nun eine hilfreiche Bewältigungsstrategie oder nicht? Natürlich gibt es bezüglich des Reframings auch kritische Stimmen. Kritiker werten das Konzept lediglich als eine Verweigerung der Realität und somit als eine Art des Selbstbetruges, so könne man wohl auch die schwerste und unangenehmste Situation irgendwie noch schönreden.

Das stimmt jedoch nicht ganz, denn es handelt sich dann nicht um das eigentliche Reframing. Denn mit dem Reframing wird nicht das Ziel verfolgt, unangenehme und belastende Gefühle komplett zu verdrängen und somit ständig in einer rosaroten Welt zu leben, in der du dich immer wohlfühlst. Dann würden nämlich die wichtigen Funktionen, die Gefühle wie Wut oder

Trauer haben, nicht mehr erfüllt werden können. Das Ziel, das du mit dem Reframing verfolgen kannst, ist vielmehr, dass du eine gesunde Balance zwischen deinen Emotionen schaffst.

Neuronale Verbindungen in deinem Gehirn, die durch zu viele negative Gefühle und Emotionen blockiert werden, können mithilfe des Reframings wieder aktiviert werden. Du hast sicherlich auch schon einmal in deinem Leben – oder bereits mehrmals – eine schlechte Nachricht übermittelt bekommen. Wahrscheinlich warst du in der akuten Situation kaum noch in der Lage, einen klaren Gedanken zu fassen. Dein Gehirn wird in einer solchen Situation von einer Welle von Stresshormonen geflutet. Deshalb fällt dir das klare Denken in diesem Moment sehr schwer.

Ein Großteil der Menschen neigt dazu, sich auf die schlechten Dinge zu fokussieren. Und sie beachten nur das Offensichtliche, also die Fakten, vor denen man nicht die Augen verschließen kann. Dagegen vergessen sie kleine Erfolge oder erfreuliche Situationen, die sich vor Kurzem ereignet haben, schnell wieder.

Denken wir noch einmal an den Fall einer Jobabsage. Tatsächlich wäre es eine Art des Selbstbetruges, wenn du dir lediglich sagen würdest, dass du den Job eigentlich sowieso nicht wirlich bekommen wolltest. Zwar wäre das Thema damit schnell erledigt, du hättest deine unangenehmen Emotionen aber einfach nur verdrängt. Mit diesem Mechanismus verhinderst du jedoch eine kritische Selbstreflexion. Vielleicht gibt es für die Ablehnung tatsächlich objektiv betrachtet gute Gründe?

Wenn du dich statt der Verdrängung dem Reframing widmest, dann stattest du die Situation mit neuen Facetten aus.

Der Schlüssel beim heilsamen Reframing besteht darin, dass du dir die Frage »Wofür?« statt die Frage »Warum?« stellst. Überlegungen, ob du vielleicht zu alt für den Job warst, deine Qualifikationen nicht gut genug waren oder ob dein Anschreiben schlichtweg schlecht war, werden dich in der Situation nicht weiterbringen. Denn dein Fokus bleibt so nur auf das Problem an sich gerichtet. So startest du in deinem Kopf ein regelrechtes Gedankenkarussell, bei dem du wohl niemals eine Antwort finden wirst, die dich zufriedenstellt. Es sei denn, du greifst direkt zum Telefonhörer und stellst dem Unternehmen die Frage. Sicher sein, dass du eine ehrliche Antwort erhältst, kannst du hier allerdings auch nicht.

»Wofür?« zu fragen, kann der Situation einen neuen Rahmen verleihen. Du solltest dir die Fragen stellen, wofür es gut ist, nicht umziehen zu müssen, wofür es allgemein gut ist, diesen speziellen Job nicht anzutreten, oder wofür du diese Erfahrung in Zukunft gewinnbringend nutzen kannst.

So gewinnst du deine Handlungsfähigkeit zurück

In dem Satz »Man weiß nie, wofür es gut ist« steckt eine Menge Weisheit. Denn er bedeutet nicht, in der Situation zu resignieren, sondern vielmehr, sich in einer gewissen Gelassenheit zu üben. Ein solcher positiver Umgang mit Krisen ist die Resilienz (ab Seite 105). Sie ist ein wichtiger Faktor, wenn du erfolgreich durchs Leben gehen möchtest. Und je früher du dies verinnerlichst und lernst, dich in Resilienz zu üben, desto besser wirst du ab sofort in der Lage sein, mit Problemen und Krisen in deinem Leben umzugehen.

Ein menschliches Leben ist ohne Rückschläge und schwierige Erfahrungen kaum denkbar.

Es gibt allerdings noch etwas, das wesentlich wichtiger ist: Dein Selbstwertgefühl wird sich extrem verbessern und du wirst mehr Kraft in dir spüren, um deine Ziele zu erreichen. Durch das Reframing findest du den Ansporn, Dinge, die schieflaufen, wieder geradezurücken. Durch die Suche nach den Antworten auf die Frage »Wofür?« wird dein Denken komplexer. So kannst du dich von den primären Gefühlen der Unsicherheit, der Trauer oder des Ärgers befreien. Du wirst frei im Kopf und auch wieder handlungsfähig.

Die Frage, *wofür* etwas passiert, kannst du nahezu auf alle Situationen im Leben anwenden. Der Hintergrund ist eher praktischer Natur, auch wenn er im Angesicht von schweren Lebenskrisen erst einmal ernüchternd wirken kann. Denn wenn dir dein Job gekündigt wird, fällt es dir vermutlich schwer, den Blick von deinem fehlenden Einkommen abzuwenden. Aber gerade dann ist es essenziell, dass du die Situation aus einer neuen, positiven Perspektive betrachtest. Beispielsweise kannst du dir nun einen Job suchen, bei dem du die Arbeitszeiten flexibler gestalten kannst. Auch könnte dies der Startschuss für die Selbstverwirklichung sein, von der du schon immer geträumt hast.

In jeder Krise steckt immer eine Chance. Du lernst mit jedem Rückschlag besser, mit schwierigen Situationen und Zurückweisung umzugehen. Auch werden dir manchmal lustige Antworten auf deine »Wofür«-Fragen einfallen, die dich dann bestenfalls zum Lachen bringen. Und wenn es sich dabei dann vielleicht um den berühmten Galgenhumor handelt, ist dies eine gute Ausgangsbasis für neue Ideen und Anregungen. Es geht hauptsächlich darum, dass das Reframing deinen Geist mental anspornt. Grenzen gibt es hier nahezu keine. Du kannst jede Situation mit ungewöhnlichen Fragen, Musik, Farbe oder der gewissen Portion Humor versehen.

Probiere das Reframing bewusst aus. Du wirst schnell feststellen, dass es ein großer Gewinn für dein Leben sein wird. Nicht nur dein Kopf findet durch die Methode Entspannung, sondern auch dein gesamter Körper und sogar alte Seelenwunden können heilen. So meisterst du auch zukünftige schwierige Situationen wesentlich zielführender und angenehmer, als wenn sich dein Gedankenkarussell verkrampft um dieses eine Problem dreht, für das du sowieso keine Lösung zu finden scheinst.

Bewusste und achtsame Gesprächsführung

»Für ein gutes Gespräch sind die Pausen ebenso wichtig wie die Worte.«

HEIMITO VON DODERER

Wenn man Menschen fragt, die seit langer Zeit glücklich vergeben sind, wieso ihre Beziehung so gut und so lange funktioniert, tritt überdurchschnittlich häufig eine Antwort auf: »Die Kommunikation ist das Wichtigste für eine funktionierende Beziehung.« Das gilt aber nicht nur für Liebesbeziehungen, sondern ebenso für Freundschaften, die Zusammenarbeit im beruflichen Kontext und eigentlich überall, wo Menschen zusammentreffen. Wenn die Kommunikation so wichtig ist und tagtäglich eine Rolle spielt, ist es dann nicht vielleicht sinnvoll, sich mal etwas intensiver damit auseinanderzusetzen? Das tun wir jetzt. Ich zeige dir vier Kommunikationsmodelle, die dir die Theorie der Kommunikation leichter zugänglich machen.

Modelle zur Erklärung von Kommunikation

Da es bislang keinem Wissenschaftler gelungen ist, das komplexe Themenfeld der Kommunikation vollumfänglich und haargenau zu beschreiben, gibt es auch keine Patentrezepte. Stattdessen gibt es verschiedene Kommunikationstheorien, mit denen man sich der Wirklichkeit anzunähern versucht. Dabei werden Zusammenhänge, Ebenen und Prozesse der Kommunikation berücksichtigt und vereinfacht dargestellt. Wir werden uns also mit vier ausgewählten und relativ bekannten Kommunikationsmodellen beschäftigen, die ich aus einer Vielzahl von etlichen existierenden Modellen herausgegriffen habe. Eine klare Kommunikation, die sowohl du-orientiert als auch sich selbst gegenüber freundlich ist, wird Kränkungen vermeiden und wesentlich dazu beitragen, dass du weniger Mikroverletzungen erleben wirst.

Das 4-Ohren-Modell

Dieses Modell stammt vom deutschen Kommunikationswissenschaftler Friedemann Schulz von Thun und wird teilweise auch als Vier-Seiten-Modell oder Nachrichtenquadrat bezeichnet. Es differenziert bei jeder Form der gesprochenen Kommunikation zwischen vier Ebenen. Diese vier Ebenen der Kommunikation existieren dann sowohl beim Sender der Nachricht (Mund) als auch beim Empfänger der Nachricht (Ohren). Missverständnisse entstehen laut Schulz von Thun, wenn eine Ebene der Kommunikation anders gedeutet wird, als sie gemeint war, oder wenn die vier Ebenen unterschiedlich stark gewichtet werden. Diese Ebenen setzen sich wie folgt zusammen:

- **Sachebene:** Was soll inhaltlich ausgesagt werden? Auf der Sachebene werden Daten, Fakten und Informationen vermittelt.
- **Selbstoffenbarung:** Mit jeder Nachricht gibt der Sender auch Informationen über sich selbst preis. Der Sender denkt darüber zwar meist nicht nach und tut das somit häufig unbewusst, dennoch lassen sich durch die Nachricht Rückschlüsse auf die Gefühlswelt und Persönlichkeit des Senders ziehen.
- **Beziehungsebene:** Eine Nachricht vermittelt zwangsläufig und immer auch Informationen über die Beziehung

zwischen Sender und Empfänger. So können einerseits Wertschätzung und Respekt ausgedrückt werden, aber auch Abneigung kann hervortreten. Weiterhin lässt sich anhand der Kommunikation erkennen, wie nahe sich die Kommunikationspartner stehen oder wie distanziert sie voneinander sind. Entscheidend ist nicht nur die Wortwahl, sondern auch die Körpersprache und Mimik.

◇ **Appell:** Mit der gesendeten Nachricht möchte der Sender auch etwas erreichen und eine bestimmte Reaktion des Empfängers hervorrufen. Beispielsweise könnte der Empfänger dazu aufgefordert werden, etwas zu tun oder zu unterlassen oder einfach Unterstützung für die Aussage zu geben oder Beistand zu leisten.

Das Sender-Empfänger-Modell

Das Sender-Empfänger-Modell wurde von den beiden Mathematikern Claude Shannon und Warren Weaver entworfen. Dem Modell liegt die Idee zugrunde, dass eine Kommunikation erstens zwischen einem Sender und einem Empfänger stattfindet und zweitens eine Nachricht zuvor vom Sender codiert werden muss, um sie an den Empfänger zu versenden. Codiert meint in diesem Zusammenhang lediglich, dass die Nachricht in Sprache oder Körpersprache übertragen wird. Der Empfänger muss dann den Code verstehen und entschlüsseln, indem er zum Beispiel die gleiche Sprache spricht oder aber die Körpersprache des Gegenübers richtig deuten kann. Um anschließend sicher sein zu können, dass die Nachricht vom Empfänger richtig verstanden wurde, sendet dieser ein Feedback zurück, ob er die Nachricht nun richtig verstanden hat oder eben nicht.

Die Transaktionsanalyse

Das Analyseverfahren wurde von dem amerikanischen Psychologen Eric Berne entwickelt. Er unterteilt die menschlichen Verhaltensweisen in der Kommunikation in das Eltern-Ich, das Erwachsenen-Ich und das Kind-Ich. Die Namen hat er so gewählt, weil die jeweiligen Verhaltensweisen häufig den entsprechenden Personengruppen zugeschrieben werden. Ein Elternteil spricht also nicht nur im Eltern-Ich und sein Kind im Kind-Ich, stattdessen können Menschen zwischen diesen unterschiedlichen Zuständen hin- und herwechseln.

Dem Eltern-Ich schreibt Berne eine Kommunikation zu, wie sie häufig in der Erziehung zu beobachten ist. Dazu zählen unter anderem Zurechtweisen, Korrigieren und Umsorgen. Das Erwachsenen-Ich zeichnet sich durch respektvolle, sachliche, rational durchdachte und reflektierte Kommunikation aus, wie sie zum Beispiel im Berufsalltag erwünscht ist. Das Kind-Ich ist im Gegensatz dazu vor allem durch albernes, verspieltes, spontanes und trotziges Verhalten geprägt.

Wie erwähnt, können Menschen zwischen den einzelnen Ich-Formen wechseln. Erfahrungen, Gefühle und Wünsche entscheiden darüber, welcher Ich-Zustand in welcher Gesprächssituation die Oberhand gewinnt. Welcher Ich-Zustand dann in welcher Situation zum Tragen kommt, kann nach Berne sehr viel über das Verhältnis der beiden Kommunikationspartner zueinander aussagen. Konflikte treten dann auf, wenn unterschiedliche Zustände aufeinandertreffen. Mit einem Erwachsenen-Ich und einem Kind-Ich sind es beispielsweise völlig unterschiedliche Welten. Wenn sich diese beiden einigen wollen, muss einer der beiden Gesprächspartner den eigenen Ich-Zustand an den jeweils anderen anpassen. Kommunizieren beide Gesprächspartner hingegen im gleichen Zustand, bedeutet dies häufig eine erfolgreiche Kommunikation.

Das Eisbergmodell

Hinter der Entstehung des Eisbergmodells stecken zwei bekannte Namen, die dir möglicherweise bereits geläufig sind. Zum einen

Sigmund Freud, der aber nicht direkt an dem Modell gearbeitet hat. Von ihm stammt allerdings die Grundidee des Unbewussten, auf dem das Modell aufbaut. Diese ließ nämlich Paul Watzlawick, der Entwickler des Modells, in seine Überlegungen zur Kommunikation einfließen.

Seinem Modell zufolge lässt sich die Kommunikation gut als Eisberg darstellen. Denn bei einem Eisberg ist bekanntlich nur ein kleiner Teil, etwa zehn bis zwanzig Prozent, für den Menschen zu sehen. Der Rest des Eisbergs liegt unter Wasser. Dies überträgt Watzlawick auf die Kommunikation: Die an der Oberfläche liegende Sachebene, die aus Zahlen, Fakten und Informationen besteht, mache lediglich zehn bis zwanzig Prozent der Kommunikation aus. Ein viel größerer Anteil kommt somit der Kommunikation zu, die unterhalb der Oberfläche liegt. Für Watzlawick ist es die Beziehungsebene, auf der Gefühle, Erfahrungen, Ängste und auch Triebe des Menschen vermittelt werden. Bis zu 90 Prozent der Kommunikation schreibt er der Beziehungsebene zu, die durch nonverbale Kommunikation wie Körpersprache, Mimik und Gestik funktioniert.

Wie bei einem Eisberg gehören der Teil, der an der Oberfläche liegt, und der, der darunterliegt, untrennbar zusammen. Allerdings können Konfliktsituationen entstehen, wenn die beiden Ebenen – Sach- und Beziehungsebene – nicht miteinander vereinbar sind. Wenn es beispielsweise auf der Beziehungsebene hapert und sich die Gesprächspartner nicht wohl in der Situation fühlen, werden schnell auch die Informationen auf der Sachebene falsch aufgenommen. Der viel wichtigere und größere Teil liegt also, so könnte man interpretieren, wie beim Eisberg unter der Oberfläche; wir beschäftigen uns aber anfangs automatisch mehr mit dem kleineren und weniger bedeutenden Teil, weil dieser für uns direkt sichtbar ist.

Du kannst der Kommunikation niemals entkommen!

Was bringt dir das ganze Fachwissen jetzt?

Wenn du die Funktionsweise von Kommunikation besser verstehst und einordnen kannst, dann kannst du mit diesem Wissen auch erfolgreich an deiner eigenen Kommunikation arbeiten, Missverständnisse mit deinem Gegenüber reduzieren und Kränkungen vermeiden. So entstehen weniger Mikroverletzungen und mehr Klarheit im Miteinander.

Wenn dir nun allerdings so gar nicht mehr nach Kommunikation ist, muss ich dich leider enttäuschen. »Man kann nicht nicht kommunizieren«, schreibt ebenfalls Watzlawick. Auch ohne Worte stehst du ständig im Austausch mit deinen Mitmenschen.

Schluss mit verbaler Gewalt!

»Handlung wird allgemein besser verstanden als Worte. Das Zucken einer Augenbraue, und sei es noch so unscheinbar, kann mehr ausdrücken als hundert Worte.«

CHARLIE CHAPLIN

Die Bedeutung von Beziehungen habe ich schon im vorangehenden Kapitel aufgezeigt. Sowohl in der Partnerschaft als auch im Kollegen- oder Freundeskreis sind wir auf diese tragfähigen Beziehungen angewiesen. Sie sind Teil unserer Lebensqualität. Doch häufig ist die Kommunikation konfliktgeladen – der Versuch, Störungen zu beseitigen, führt nicht selten zu weiteren Problemen. Das Konzept der Gewaltfreien Kommunikation zielt auf die Unterbrechung dieser oft folgenschweren Dynamik ab.

Gewaltfreie Kommunikation

Die Methode der Gewaltfreien Kommunikation nach Marshall B. Rosenberg, einem US-amerikanischen Psychologen, setzt auf die Kenntnis der eigenen Gefühle und auf Empathie. Anders als du vielleicht vermutest, hat die Gewaltfreie Kommunikation nicht direkt mit körperlicher Gewalt zu tun. Rosenberg stellte fest, dass verbale Gewalt in unserer Sprache wie Vorwürfe, Anschuldigungen oder Druck und Manipulation weitverbreitet sind und immer wieder zu Konflikten führen. Sie rufen, ebenso wie körperliche Gewalt, Verletzungen hervor.

Wolfssprache und Giraffensprache – Sinnbilder zweier Sprachmodelle

Rosenberg entwickelte die Symboliken der Wolfs- und Giraffensprache, um die vorhandenen Sprachmodelle zu veranschaulichen. Der Wolf steht hierbei für die zubeißende, verletzende Kommunikation und Rhetorik. Gleich dem realen Raubtier sucht er in der Kommunikation Angriffspunkte, um seinen Kontrahenten zu schwächen und letztendlich als Sieger aus einem Zweikampf hervorzugehen. Die Giraffe als friedlich lebende Spezies ist auf Koexistenz aus. Als das Landtier mit dem größten Herzen steht sie für eine empathische Lebensweise. Mit ihrem langen Hals behält sie den Überblick, sieht Konflikte kommen und ist auf diese Weise verschiedenen Situationen gut gewachsen.

Natürlich ist auch der Wolf nicht nur Raubtier, sondern auch Rudeltier mit einem ausgeprägten Sozialverhalten. Der Wolf steht bei Rosenberg vor allem symbolisch für ein wölfisches Dominanzverhalten.

Doch aus welchen Gründen nutzen wir so oft das verletzende Sprachmodell? Die sogenannte Wolfssprache erlernen wir bereits im Kindesalter. Sie ist geprägt von Bewertungen, Kritik, der latenten oder bewussten Androhung von Sanktionen, Belohnungen oder versteckter Manipulation. In unserer auf Wettkampf und Konkurrenz basierenden Gesellschaft sind die Waffen der Sprache ein Mittel zum Zweck. Es gilt, sich zu behaupten. Und paradoxerweise richten wir diese Waffen nach außen und nach innen – insbesondere dann, wenn uns die eigenen Bedürfnisse und Gefühle nicht klar sind oder gar missachtet werden. Befindlichkeiten des Einzelnen haben bei der vielfachen Orientierung auf Leistung und Funktionalität keinen Platz. Die Giraffensprache hingegen basiert auf Respekt und Wertschätzung, der eigenen und der anderen Person gegenüber. Die Sprache der Giraffe, so Marshall B. Rosenberg, ist ehrlich und offen.

Sie bewertet nicht, hört zu, fragt nach und geht grundsätzlich von den guten Absichten ihrer Mitmenschen aus. Fehler werden als Chancen wahrgenommen. Mit dieser positiven Grundhaltung dient diese Sprache dem Leben und seinen vielfältigen und unverzichtbaren Beziehungen.

Die vier Schritte der Gewaltfreien Kommunikation

Du möchtest dich in die Gewaltfreie Kommunikation einarbeiten, um am Arbeitsplatz oder im Privatleben aktiver zuzuhören und klarer und ehrlicher zu kommunizieren? Dann können dir die vier Schritte der Gewaltfreien Kommunikation eine Hilfestellung sein.

- **Im ersten Schritt geht es um die Beobachtung und Wahrnehmung der Situation.** Eine objektive Beschreibung des Sachverhalts stellt eine Grundlage für das weitere Vorgehen dar. Was ist geschehen? Was nimmst du wahr, ohne eine Schuld zuzuweisen?
- **Der zweite Schritt widmet sich deinen Gefühlen.** Wie geht es dir? Was fühlst du? Wichtig ist hierbei, niemanden für diese Gefühle verantwortlich zu machen. Richte in diesem Schritt den Fokus gezielt auf deine Empfindungen.
- **Im dritten Schritt betrachtest du die Bedürfnisse hinter den Gefühlen.** Was brauchst du? Was fehlt dir? Stecken unerfüllte Bedürfnisse hinter den Gefühlen? In diesem Abschnitt kannst du Wünsche formulieren.
- **Im vierten und letzten Schritt entwickelst du eine konkrete Bitte an dein Gegenüber.** Wie kann das zuvor erkannte Bedürfnis erfüllt werden? Wichtig sind hierbei eine positive Wortwahl und die Umsetzbarkeit der Bitte in der Realität.

Der Weg zu gesunden, intakten Beziehungen

Damit du die eigenen Gefühle und Bedürfnisse wahrnehmen kannst und so bestimmte Muster in deiner Kommunikation erkennst, ist Übung notwendig.

Übungen helfen, die Theorie der Gewaltfreien Kommunikation in die Praxis zu integrieren. Beobachtung und Bewertung oder Gefühle und Gedanken voneinander zu unterscheiden, kann beispielsweise Licht in die Wirrungen der Gefühlswelt bringen. Ebenfalls wichtig ist der klare Ausdruck von Gefühlen. In diesem Zusammenhang hat es sich bewährt, Ich-Botschaften zu formulieren. Sie konzentrieren sich stets nur auf das eigene Empfinden und klammern auf diese Weise Mutmaßungen in Bezug auf die andere Person aus. Bitten deutlich und zweifelsfrei auszusprechen, kann für dich eine weitere Übung sein. Die Bitte, die sich aus den erkannten Bedürfnissen entwickeln lässt, beinhaltet stets eine konkrete Handlung und idealerweise einen zeitlichen Bezug.

Die Methode der Gewaltfreien Kommunikation lässt sich nicht von heute auf morgen erlernen und sicher anwenden. Die tägliche Besinnung auf das Prinzip und die kontinuierliche Arbeit am eigenen Denken, Handeln und Kommunizieren sind jedoch beste Voraussetzungen.

Dank der Gewaltfreien Kommunikation zu mehr Erfolg

Du kennst es vielleicht: Ausufernde Meetings haben trotz verschiedener Diskussionsbeiträge und Lösungsvorschläge keinen für die Mitarbeiter spürbaren Nutzen. Schaust du einmal hinter die Kulissen, ist möglicherweise die Kommunikationsstrategie des Teams der Grund. Die Gesprächspartner weisen einander Schuld zu, üben Kritik und weisen die Verantwortung für eine bestimmte Situation von sich. Ein guter Zeitpunkt, jetzt anzusetzen und beispielsweise das aktive Zuhören zu praktizieren. Die Fähigkeit zuzuhören, interessiertes Nachfragen, dosierte

Signale des Verständnisses sowie abschließendes Zusammenfassen des Gesagten gehören dazu. Bereits das führt kurzfristig und unmittelbar zu zufriedenstellenden Gesprächen. Wenn du um Feedback bittest, kann das offenbaren, wie deine Teammitglieder diese Gespräche empfinden. Stellt sich zunehmend Zufriedenheit ein, werden die Gespräche und Abstimmungen automatisch zielgerichteter und damit effizienter und wertvoller. Eine stabile Vertrauensbasis im Team – kein Jeder-kämpft-gegen-jeden mehr – sorgt mittel- und langfristig für Erfolg in der Zusammenarbeit. Positive Auswirkungen auf das große Ganze sind wahrscheinlich.

Das Sprachmodell der Giraffe im Schulalltag

Nicht allein im beruflichen Umfeld und in Partnerschaften ist konfliktgeladene Konversation allgegenwärtig. Bereits die Kleinsten kommunizieren auf wölfische Art und Weise. Das, was sie aus der Welt der Erwachsenen aufschnappen, integrieren sie in ihre kindliche Welt. Die verbalen Beschimpfungen und Bestrafungen sind weithin zu hören. Immer häufiger findet aus diesem Grund das Prinzip der Gewaltfreien Kommunikation den Weg in Schulen und Kindergärten. Die Symbolik der Giraffe ist dabei ausgesprochen hilfreich. Handpuppen können die verschiedenen Sprachmodelle von Giraffe und Wolf wunderbar veranschaulichen und Kindern zugänglich machen. Auf die jeweilige Altersstufe abgestimmte Übungen helfen dabei den Jüngsten, sich für die Auswirkungen der unterschiedlichen Sprachkonzepte zu sensibilisieren.

Ichbezogene Aussagen zu formulieren, kannst du auch zu Hause altersgerecht und spielerisch mit deinen Kindern trainieren.

Gelungene Kommunikation in einer Welt mit Giraffen und Wölfen

Selbstverständlich ist die Welt der Kommunikation nicht nur in Schwarz und Weiß gefärbt. Es ist nur schwer möglich, allein die Sprache der Giraffe zu sprechen. In Situationen des Alltags, in denen kein Konflikt vorliegt, ist es beispielsweise nicht sinnvoll, sie anzuwenden. Wichtig bleibt es, die Sprachmethode der Giraffe zu verinnerlichen – ebenso ihre Anwendung in konfliktgeladenen Momenten und eine entsprechende positive Lebenseinstellung. Und dennoch wird der Wolf in uns zutage treten, wenn Emotionen und der Eifer überwiegen. Mit dem Bewusstsein für diese Momente und der Möglichkeit zur Reflexion können wir den eigenen Werten treu bleiben. Die Prinzipien der Gewaltfreien Kommunikation und ihre konsequente Anwendung – im Job, in der Partnerschaft oder in der Erziehung – sind der Schlüssel für lebendige und zufriedenstellende Beziehungen zu unseren Mitmenschen. Auch wenn Gefühle und Bedürfnisse keiner absoluten Wahrheit unterliegen und sich von einem zum anderen Menschen unterscheiden – grundsätzlich ist die Kommunikation nach dem Giraffenmodell von Rosenberg authentisch und ehrlich zu sich selbst und zu anderen. Sie ist eine Sprache, die dem Leben und der Verständigung dient. Mit dieser Sprache kann es dir zukünftig gelingen, Mikroverletzungen zu vermeiden und alte Narben zu heilen.

So wirst du ein Teamplayer mit dir selbst

»Denke dir einen leidenschaftlichen Spieler.
Erwacht die Lust in ihm, so ist es, als hinge sein Leben
an ihrer Befriedigung; ist er aber imstande, zu sich selbst zu sagen:
›In diesem Augenblick will ich nicht, erst in einer Stunde‹,
so ist er geheilt.«

SÖREN KIERKEGAARD

Es gibt Entscheidungen, die fallen uns leicht, und es gibt Entscheidungen und Veränderungen, die nur sehr schwer zu verstehen und umzusetzen sind. Das betrifft viele Aspekte in unserem Leben. Manchmal kommt es uns so vor, dass verschiedene Kräfte, die in uns stecken, Konflikte miteinander austragen. Diese Kräfte suggerieren uns auf der einen Seite, dass wir etwas vorantreiben wollen, auf der anderen Seite bremsen sie aber auch und legen uns mögliche Hindernisse in den Weg.

Die Methode »Das innere Team«

Diese inneren Konflikte gehören zu unserem Leben. Es ist aber wichtig, sie zu erkennen, zu visualisieren und zu lösen. Das ist ein hilfreicher Ansatz, um im Leben weiterzukommen. Die Methode, die man hier einsetzt, heißt »Das innere Team«. Hierbei werden Widersprüche, aber auch unterschiedliche Deutungsweisen anschaulich dargelegt. Das sorgt dafür, dass der innere Konflikt geklärt werden kann, damit Veränderungsprozesse nicht mehr behindert werden, denn die brauchen wir für die Heilung von Seelenwunden und Mikroverletzungen. Mit dem inneren Team zu kooperieren führt zu Resilienz und schenkt dir damit die Fähigkeit, künftige Krisen besser zu bewältigen.

Warum stehen dir innere Konflikte im Weg?

Unser Leben besteht aus Veränderung. Wäre das nicht der Fall, dann würden wir heute noch in Höhlen leben, mit dem Speer auf die Jagd gehen und zwei Steine aneinanderschlagen, um ein Feuer zu entfachen. Doch Veränderungen im Leben sind für uns nicht immer leicht zu verstehen. Wir sind bequem und haben es uns gemütlich gemacht. Wir haben uns eingerichtet und haben unseren Lebensmittelpunkt gefunden. Warum sollten wir uns also verändern?

Konflikte, die mit einem Veränderungsprozess einhergehen, kennen wir alle. Es ist zwar so, dass wir Menschen relativ gut miteinander klarkommen. Aber es gibt immer tief reichende Konflikte, die bei vielen Themen offensichtlich werden. Dafür musst du lediglich in die sozialen Medien schauen. Egal ob über Klimawandel, Fleischkonsum oder politische Entscheidungen diskutiert wird – die Meinungen gehen hier sehr oft weit auseinander und eine zielführende Lösung ist in vielen Fällen im Rahmen der Diskussion überhaupt nicht erkennbar. Ganz im Gegenteil. Es wird immer schwieriger, einen gemeinsamen Nenner zu finden, weil jeder auf seine ganz spezielle Meinung pocht und von dieser auch nicht abweichen will.

Wenn du dir das Ganze von der beruflichen Seite aus betrachtest, ist das ganz ähnlich. Wenn du in einem Unternehmen arbeitest, dann gibt das Unternehmen die Ziele vor. Das Team, zu dem du gehörst, setzt diese Ziele um. Dafür müssen alle an einem gemeinsamen Strang ziehen.

- ◇ Doch was würde passieren, wenn es innerhalb des Teams Unstimmigkeiten gibt?
- ◇ Wenn das Ziel unterschiedlich betrachtet wird und die Vorgehensweise in Richtung Ziel ebenso?
- ◇ Was tun, wenn einzelne Mitglieder des Teams ihre eigene Meinung haben und diese auch vertreten?
- ◇ Wie lässt sich ein solcher Konflikt lösen, um das Ziel und somit auch die Veränderung zu erreichen?

In vielen dieser Fälle geraten die Prozesse, die im Rahmen der Veränderung stattfinden sollen, ins Stocken. Denn wo kein gemeinsamer Weg ist, kann auch kein gemeinsames Ziel erreicht werden. Hinzu kommt, dass solche Konflikte nicht nur als Bremse innerhalb eines Prozesses betrachtet werden können. Sie erzeugen große Unzufriedenheit bei all jenen, die an diesem Konflikt beteiligt sind. Besonders schlimm wird es dann, wenn aus dem Ganzen die falschen Schlüsse gezogen werden.

Es ist deshalb sehr wichtig, dass Konflikte, aber auch die Meinungsvielfalt immer ernst genommen werden. Jeder muss seine eigene Meinung haben dürfen und diese auch vertreten. Ansonsten gelingt es nicht, ein Vorankommen im Leben zu erkennen. Dies gilt übrigens auch für dich allein. Auch für dein Innerstes. Dein Seelenleben kann nur dann funktionieren, wenn du die Konflikte, die in dir auftreten, ernst nimmst und dich damit auseinandersetzt. Tust du dies nicht, wird aus deinen inneren Konflikten ein Problem. Und Probleme lassen sich deutlich schwieriger lösen als ein Konflikt. Deshalb ist es wichtig, dass du mit deinem inneren Team arbeitest. Es hilft dir, deine inneren Konflikte zu lösen und die Ideenvielfalt, die du hast, auch zu nutzen.

Die Metapher vom inneren Team

Der Begriff »inneres Team« ist eine Metapher. Du hast in dir keine kleinen Männchen sitzen, die Probleme diskutieren und aushandeln. Es geht vielmehr darum, deine innere Dynamik im Denken und Fühlen richtig zu nutzen.

Es gibt immer ein Für und ein Wider. Du wirst zu jedem Thema unterschiedliche Stimmen finden. Auch in deinem Inneren. Selbst wenn du ein Thema stringent verfolgst und deine ganz eigene Meinung hast, wirst du mit Sicherheit das ein oder andere hinterfragen und unsicher sein. Ist meine Meinung wirklich die richtige? Gibt es Alternativen oder kann ich meine Meinung noch festigen und erweitern?

Die Dynamik, die du in deinem Seelenleben hast, entspricht in vielen Teilen der Dynamik, die du aus Gruppen oder Teams kennst.

Unterschiedlichste Werte, Bedürfnisse, Ansichten und Gefühle sind in unserem Inneren zu finden. Deshalb kann es immer wieder zu Mehrdeutigkeiten, Widersprüchen, aber eben auch Konflikten kommen. Wenn deine inneren Kräfte unzufrieden sind, dann machen sie dich handlungsunfähig. Sie widersprechen einander deutlich. Und das lähmt dich. Es sorgt dafür, dass du nicht kreativ bist, dass du weniger Elan hast und dass du letztendlich auch weniger belastbar bist.

In vielen Fällen ist es so, dass die inneren Kräfte gar nicht benannt werden. Es ist uns nicht bewusst, dass sie existieren, oder wir wollen sie einfach nicht wahrnehmen. Wenn du mit dem Modell des inneren Teams arbeitest, dann arbeitest du mit einer aufbauenden Visualisierungstechnik. Mit dieser Technik holst du diese Kräfte ans Licht. Du gibst dir die Möglichkeit, dich mit ihnen auseinanderzusetzen. Damit dir das gelingt, benötigst du die Bereitschaft zur Selbstreflexion, du musst offen und ehrlich sein und auch kreativ.

Die drei Schritte bei der Arbeit mit dem inneren Team

Wenn du mit deinem inneren Team arbeiten möchtest, musst du es zur Besprechung rufen. Und das macht immer das Oberhaupt des Teams: also deine innere Stimme, die am stärksten vertreten ist. Das Oberhaupt oder die Führungskraft bei einer inneren Teamsitzung muss auf konstruktive Art und Weise deine Gedanken, Gefühle und Ausdrucksweisen miteinander in Kontakt bringen.

Drei Schritte brauchst du, um dein inneres Team zusammenzurufen und eine Sitzung durchzuführen.

Dazu gehört im **ersten Schritt** die Vorbereitung. Wenn du dich mit dir selbst und deinem inneren Team auseinandersetzen willst, solltest du 60 bis 90 Minuten Zeit einplanen. Du benötigst diese Zeit, um mit deinem inneren Team zu arbeiten. Schreibe zu einem anstehenden Thema alle Gedanken und Meinungen auf und ordne sie den entsprechenden Teammitgliedern zu. Wenn du die einzelnen Teammitglieder genauer benennst und ihnen beispielsweise Buchstaben, Zahlen oder auch Namen gibst, hilft dir das bei der Visualisierung, da du dann jeden einzelnen Gedanken einem Teammitglied zuordnen kannst.

Das Ziel der Sitzung

Die Aufgabe bei einer solchen Sitzung besteht darin, alle die verschiedenen Gedanken so zu vereinen, dass sie effektiv sind und dass du mit ihnen ein Ziel verfolgen kannst. Dabei musst du jedes Teammitglied als positiv betrachten. Wichtig ist nicht, ob deine inneren Teammitglieder anderer Meinung sind als du selbst, ob sie zögernd oder ablehnend sind.

Im **zweiten Schritt** erläuterst du die weitere Vorgehensweise, die nun ansteht. Du hast deine Ideen und Gedanken aufgeschrieben und benennst nun den Weg, den es zu beschreiten gilt.

Der **dritte Schritt** ist dann die Problemstellung und die Situationsbeschreibung. Du kannst dein Problem dann lösen, wenn du es richtig benannt hast. Wenn alle Fragen geklärt sind und wenn du das Problem mit wenigen Worten auf den Punkt gebracht hast. Dann weißt du nämlich, was du genau klären musst und wo du deine Bedenken und deine Vorurteile siehst. Dann kannst du auch entscheiden, ob du dich für den richtigen Weg entschieden hast, ob es noch unklare Aufgaben gibt oder ob du dich mit einem bestimmten Thema etwas intensiver beschäftigen solltest.

Das bringt dir deine »Teamsitzung«

Wenn du deine inneren Teammitglieder benannt hast, kannst du deine Gedanken deutlich besser strukturieren und schneller zu einer Entscheidung finden. Dafür ist wichtig, dass du deinen Teammitgliedern unterschiedliche Rollen zuordnest. Es wird den Perfektionisten geben, den Antreiber, den Kritiker, den Ängstlichen, den Visionär oder wen auch immer du in dir siehst. All das musst du dann einzeln abarbeiten und so aufbereiten, dass alle am Ende zu einem gemeinsamen Nenner finden.

Unsicherheiten auflösen, Klarheit gewinnen

Das Ziel deines inneren Teams ist es ja, deine Unsicherheiten und deine gegensätzlichen Ansichten so aufzulösen, dass du einen klaren Gedanken hast, der dir hilft, dein Ziel zu verfolgen, ohne Unsicherheiten, ohne unterschiedliche Meinungen und ohne die Möglichkeit, das Ziel aus den Augen zu verlieren. Dann bist du wieder effektiv in deinem Arbeiten, dann hast du Energie und das Leben macht wieder Spaß.

Mehr Erfolg im Leben

Die Methode mit dem inneren Team kannst du auf viele Bereiche deines Lebens anwenden. Stell dir dein inneres Team genauso vor wie das Team, in dem du arbeitest. Auch dort gibt es immer unterschiedliche Meinungen, unterschiedliche Ansätze und unterschiedliche Vorgehensweisen. Und diese Verschiedenheit findest du auch in dir. Denn wir sind alle unsicher, unbeholfen, kritisch, mürrisch, aber auch freundlich und offen. Alle diese Eigenschaften, die dich ausmachen, musst du für ein klares Ziel unter einen Hut bringen. Und das schaffst du, wenn du eine Teamsitzung mit deinem inneren Team machst. Indem du alle deine Gedanken aussprichst oder aufschreibst, sie analysierst, miteinander vergleichst und dann eine Kernaussage herausarbeitest.

Wenn dir das gelingt, dann wirst du in deinem Leben deutlich erfolgreicher sein. Nicht nur in Bezug auf deine Arbeit, sondern auch auf dein privates Leben. Wenn du in deiner Meinung gefestigt bist, die Selbstzweifel nicht mehr permanent an dir nagen und du ein festes Ziel vor Augen hast, dann fällt dir alles deutlich leichter. Denn du weißt dann, was du willst und wie du es erreichst. Versuche mit deinem inneren Team zu arbeiten. Es klingt am Anfang etwas schwierig. Aber wenn du dir ausreichend Zeit nimmst, um deine Gedanken zu sortieren und in Energie umzusetzen – und zwar in positive Energie –, dann ist diese Zeit definitiv nicht vergeudet. Ganz im Gegenteil.

Das Zitat von Sören Kierkegaard zu Beginn des Kapitels ist ein wirksamer Schlüssel, um mit akuten Mikroverletzungen umzugehen. Ein Mitglied deines inneren Teams kannst du damit beauftragen, dass es dich erinnert, wenn eine Kränkung im Anmarsch ist. Und du sagst: »Jetzt, in diesem Augenblick, kann ich mich nicht damit beschäftigen.« So nimmst du einer Verletzung ihren Stachel und es wird weniger wahrscheinlich eine seelische Narbe entstehen.

Nutze antizyklisches Verhalten

»Überraschung, Verwunderung sind der Anfang des Begreifens. Sie sind der eigenste Sport und Luxus des geistigen Menschen.«

JOSÉ ORTEGA Y GASSET

Wenn du ein chronisches oder ständig wiederkehrendes Problem hast und dabei das Gefühl, schon alle Lösungsmöglichkeiten durchdacht, angewendet und dann verworfen zu haben, versuch es mal mit antizyklischem Verhalten. Das Gleiche gilt auch für deine Reaktionen auf emotionale Verletzungen.

Antizyklisches Denken: Die Chancen erkennen

Um erfolgreich ein Problem zu meistern, geh die Wege, die du noch nicht gegangen bist. Suche Chancen, die du bisher nicht gesehen hast. Entdecke Möglichkeiten, die dir unwahrscheinlich erscheinen. So kannst du deine individuellen Chancen erkennen. Das funktioniert aber nur dann, wenn du es anders machst als bisher oder als die meisten anderen Menschen, beispielsweise deine Kollegen im Job. Dadurch hebst du dich von der Masse ab und bekommst mehr Aufmerksamkeit als bisher. Das ist jedoch nicht so einfach, wie es klingt. Da es aber nun mal der Garant für den Erfolg ist, mach dich an die Arbeit! Besonders für einen neuen Job, ein neues Lebensumfeld oder eine Beziehung ist das wichtig. Es geht darum, aus der breiten Masse hevorzustechen. Dabei eckst du möglicherweise automatisch an. Das gehört dazu und ist manchmal nicht angenehm. Als selbstbewusster Mensch überstehst du das aber ohne großen Schaden.

Suchst du einen neuen Job? Okay, dann lass uns das als Beispiel für antizyklisches Verhalten nehmen. Es gab einmal die amerikanische Fernsehserie »Hotel«. Der Posten der Assistentin des Direktors war ausgeschrieben. Es hatten sich viele Frauen beworben. Als die »Heldin« der Serie die lange Schlange der Frauen vor der Direktion sah, ging sie auf die Toilette, um sich aufzupeppen. Danach verkündete sie den Bewerberinnen, dass die Stelle bereits vergeben sei. Alle dachten, sie gehöre zum Hotel, und verließen daraufhin das Hotel. Als der Direktor endlich kam, war sie die einzige Bewerberin und bekam die Stelle sofort. Das ist ein Beispiel für antizyklisches Verhalten!

Neue, gute Jobs findest du, wenn du Augen und Ohren offen hältst. Wähle Unternehmen aus, die dir sympathisch sind. Sieh dich in der Stadt um, ob jemand Mitarbeiter sucht. Möchtest du in einem bestimmten Unternehmen oder Geschäft arbeiten, überleg dir, was du machen könntest, um aus dem üblichen Angebot herauszustechen.

Die Homepages zu durchforsten, bringt ebenfalls oft neue Ideen. Möchtest du in einer anderen Branche arbeiten, such dir eine aus, für die du zumindest einige Qualifikationen mitbringst. Was noch fehlt, kannst du später immer noch dazulernen, wenn du gut in dem bist, was du machst. Anstatt zu warten, bis der Job zu dir kommt, kreiere dir selbst einen.

Auch beim Bewerben kannst du üben: Bewirb dich bei einem Unternehmen, das dich interessiert, das aber nicht dein ultimatives Ziel ist. Analysiere nach dem Besuch, was gut gelaufen ist und wo du etwas anders hättest machen können. Warst du nicht forsch genug oder warst du zu forsch? War es die falsche Strategie? Bewirb dich danach bei dem Unternehmen, das dein Ziel ist. Die Unterlagen sollen den Richtlinien des Unternehmens entsprechen. Füge aber ein Detail ein, das nicht verlangt ist, das jedoch auch nicht untersagt wurde. Vor 20 Jahren hatte eine meiner Töchter ein ehrgeiziges Ziel: Sie wollte bei einer der besten Werbeagenturen in Deutschland ein Praktikum machen. Für sie kamen nur Topfirmen infrage. Sie war noch im Gymnasium und suchte ein Praktikum für die Sommerferien. Das schien aussichtslos zu sein.

Nachdem sie sich bei einigen Agenturen erfolglos beworben hatte (»Wir nehmen keine Praktikanten« oder »Wir nehmen nur Studenten in den letzten Semestern« oder »Wir nehmen nur frische Absolventen«), erklärte ich ihr die Methode des antizyklischen Verhaltens. Ich gab ihr die Aufgabe, sich ihre absolute Wunschagentur herauszusuchen und deren Website gründlich zu durchforsten. Sie fand eine namhafte Agentur mit dem Etat für eine bekannte Kaffeemarke besonders spannend und wollte unbedingt dorthin. »Aber nein, das geht nicht, die nehmen auch nur Studenten, das wird nie was«, sagte meine Tochter. »Lass es uns versuchen«, erwiderte ich.

Nach einigem Brainstorming ging folgende Bewerbung an die Agentur: Eine kleine Blechschachtel, etwa so groß wie eine Zigarettenschachtel, gefüllt mit losen Kaffeebohnen, die darin klapperten, und einigen kleinen Fotos von Kaffeetassen und belegten Brötchen. Dazu ein Logo der Kaffeefirma und ein kurzes Anschreiben, klitzeklein zusammengefaltet. Darin erklärte meine Tochter, sie wisse, dass keine Schülerpraktikanten genommen werden, wolle aber dennoch dort arbeiten und erwarte sich die Chance, beweisen zu können, dass sie mehr kann als Kaffeekochen, Brötchenschmieren und Im-Weg-Rumstehen.

Es dauerte nur wenige Tage, bis die Zusage kam.

Impuls: Was tun, wenn sich unangenehme Erfahrungen ständig wiederholen?

Ich nutze im Coaching dafür häufig das, was ich dir hier vorschlage: Male jetzt gleich einen Kreis auf ein Blatt Papier. Lass daraus einen unaufhörlichen »Teufelskreis« werden, immer und immer wieder geschieht das Gleiche, passiert das, was du nicht willst, wiederholen sich unangenehme Situationen. Male weiter den Kreis, noch eine Runde, noch eine Runde, noch eine Runde. Das sind die Wiederholungen, die du nun beenden willst. Du möchtest einfach nicht mehr, dass dich jemand verletzt. Oder dass für dich immer die gleichen Ereignisse schmerzhaft sind. Du willst raus aus dem Teufelskreis. Was kannst du tun? Es gibt einige Varianten:

- ◇ Der vorsichtige Mensch **bleibt einfach stehen und wartet dann ab**.
- ◇ Der konfliktfreudige Mensch **stürzt sich mitten hinein** ins Zentrum des Hurrikans.
- ◇ Der konfliktscheue Mensch **weicht nach außen aus**, flieht vor dem Geschehen.
- ◇ Der mutige Mensch macht eine **komplette Kehrtwende**.

Diese letzte Möglichkeit probieren die wenigsten Menschen aus. Das ist das sogenannte antizyklische Verhalten. Antizyklisches Verhalten ist also ein erfolgreiches Gegen-den-Strom-Schwimmen. Das setzt Wachheit, gute Wahrnehmungsfähigkeit sowie Eigenständigkeit voraus. Unterm Strich bedeutet es, dass du mit Aufmerksamkeit und Mut, deine erkannten Chancen umzusetzen, mehr im Leben erreichen kannst.

Was kostet es, gegen den Strom zu schwimmen?

Die Frage sollte nicht lauten, was es kostet, sondern was es bringt. Einen neuen Job, eine neue Wohnung, eine neue Beziehung und vor allem ein neues Selbstwertgefühl und Sicherheit! Wer selbstbewusst neue Wege geht, wird wahrgenommen.

Ausprobieren – Üben – Action!

»Antizyklisch« musst du erst lernen und üben. Das funktioniert nicht von heute auf morgen. Meistens sind es eher schüchterne Menschen, die immer brav mit dem Strom schwimmen. Schüchternheit ist oft ein Hemmschuh, wenn man das bekommen will, was man wirklich möchte. Wozu gibt es denn Spiegel? Stell dich vor den Spiegel und übe »antizyklisch«. Ich bin gut, ich bin supergut, ich bin toll! Da kannst du ruhig ein bisschen übertreiben, sieht dich doch keiner.

Das erste Mal ist immer schwer, es ist aber der erste Stein auf dem Weg zum Erfolg. Such dir einen Supermarkt, in dem sich an einer Kasse eine längere Warteschlange gebildet hat. Wähle etwas aus, was du brauchst, und geh zur nächsten Kasse. Sage mit bestimmter, fester Stimme »Bitte eine neue Kasse öffnen!« und warte. Du wirst sehen, du bist sehr schnell die Erste in der neuen Schlange! Dein Buch kann in der Bücherei nicht mehr verlängert werden. Geh hin und sage, es wurde dir zugesagt, weil sich jemand geirrt hat. Ist das frech? Manche würden sagen ja, andere würden sagen, es ist kein Verbrechen und solange du es ordnungsgemäß zurückgibst, ist es okay. Such dir ähnliche Situationen und übe. Du wirst sehen, mit der Zeit funktioniert es ganz gut und du wirst selbstsicherer.

Wandle deine Schwächen in Stärken um. Schüchternheit ist beispielsweise nicht nur ein Hemmschuh dabei, die eigenen Interessen zu vertreten. Schüchterne Menschen sind meistens sehr feinfühlig. Somit kannst du andere besser einschätzen.

- ◇ **Schritt 1:** Mach dir bewusst, wann du dich »zyklisch« verhältst. Wann und wo machst du immer wieder dasselbe oder alles genauso wie alle anderen?
- ◇ **Schritt 2:** Wann kannst du antizyklisch handeln? Bitte notiere dir, welche Aktivitäten du auch auf andere Weise, zu anderen Zeiten oder wirklich konträr durchführen könntest, um nicht in eine Wiederholungsschleife zu geraten.

Reagiere einmal ganz anders als gewohnt

Durchbrich ein eingespieltes und unerwünschtes Interaktionsmuster ganz unerwartet. Verhalte dich antizyklisch. Na, passt das für dich? Welches Beispiel aus deinem Leben fällt dir dazu ein? Wo hast du dich schon einmal antizyklisch verhalten? Was hat es genutzt? Und in welchem Bereich hast du es noch nicht ausprobiert?

Gönn dir Hygge und Friluftsliv für mehr Lebensfreude

»Was ohne Ruhepausen geschieht, ist nicht von Dauer.«

OVID

Was haben große Socken, ein Moment mit Freunden und ein Dutzend Kerzen gemeinsam? Sie alle können mit »Hygge« in Verbindung gebracht werden, einem Konzept, um das sich das dänische Leben seit Langem dreht. Diese Lebenshaltung gewinnt in Europa immer mehr an Beliebtheit, aber nicht nur sie: Auch das in Mode gekommene »Friluftsliv« findet immer mehr Anhänger. Du kannst beides für deine Seelenheilung nutzen. So wird auch deine Resilienz wachsen und dein Selbstbewusstsein wird gut genährt.

Bei Hygge geht es in erster Linie darum, kleine Freuden zu erleben und den gegenwärtigen Moment zu schätzen. Im Grunde haben die Dänen das Konzept in ihre Lebensweise integriert, um die langen kalten Winter zu ertragen, in denen die Sonne ab 15 Uhr untergeht. In dieser Atmosphäre, die zum Winterblues führen kann, gibt es für jeden Menschen viel zu tun, um sich wohlzufühlen und glücklich zu sein.

Heute führen die Dänen regelmäßig die Liste der glücklichsten Menschen der Welt an! Ist das ein Zufall? Ganz und gar nicht.

Eine Menge kleiner Freuden

Du musst nicht viel Geld haben oder viel ausgeben: Hygge findet man in den kleinen Dingen des Alltags. Dieses Konzept hilft uns also, das Glück um uns herum zu sehen und es intensiv zu genießen. Hygge bedeutet, sich Zeit für sich selbst zu nehmen. Es heißt Spaß haben ohne Hintergedanken, wie einen Kuchen zu essen und sich an jedem Bissen zu erfreuen, ohne an die Kalorien zu denken. Es geht darum, in der Gegenwart zu leben und sie zu genießen, ohne die Last der Vergangenheit zu spüren oder ständig an die Zukunft zu denken. Sich auf das zu konzentrieren, was man hat, anstatt auf das, was man nicht hat.

Diese Lebensweise sieht das Glück im Schein einer Kerze, unter der Weichheit einer Decke oder in der Wärme eines Bades. Auch die Momente, die man mit Familie und Freunden verbringt, haben einen hohen Stellenwert.

Die Bedeutung der Geselligkeit

Obwohl Hygge auch allein gelebt werden kann, misst diese Lebensweise der Geselligkeit eine große Bedeutung zu. Das Konzept erinnert uns daran, uns die Zeit zu nehmen, die Anwesenheit unserer Lieben zu genießen, seien es Familiemitglieder oder Freunde. Es geht darum, stundenlang über alles und nichts zu reden, ohne jemals auf das Smartphone zu schauen. Oder mit den Kindern zu spielen. In der heutigen Welt erfordert Hygge, dass wir uns von unseren mobilen Geräten trennen, um uns wieder mit den Menschen um uns herum zu verbinden. Letztendlich geht es darum, die menschliche Interaktion wieder in den Mittelpunkt unseres Lebens zu stellen.

So geht Hygge zu Hause

- ◇ Als Erstes gilt: Zaubere dir ein **gemütliches Zuhause**. Dekoriere das Wohnzimmer so, dass du dich darin einfach nur sauwohl fühlen kannst, vielleicht mit ein paar schönen Kerzen, mit Blumen oder Pflanzen. Mach es dir mit kuscheligen Decken und Socken bei einer Tasse Tee bequem.
- ◇ Zweitens: **Genieße das Essen** in vollen Zügen und versuche einmal, die Kalorien zu vergessen.
- ◇ Letzter Schritt: Um das Konzept von Hygge voll auszuschöpfen, ist es wichtig, **den Moment in vollen Zügen zu leben**. Deshalb heißt es: Smartphones und PC aus!

Friluftsliv – ganz einfach

Nach dem dänischen Hygge gibt es auch den Trend aus Norwegen, der den Platz der skandinavischen Nationen unter den glücklichsten der Welt zementiert: Friluftsliv. Hierbei geht es um die heilende Wirkung durch den Aufenthalt in der Natur.

»Es gibt kein schlechtes Wetter, nur schlechte Ausrüstung«, heißt das Motto der Norweger. Ob es nun windig, regnerisch oder verschneit ist, die Norweger stellen sich gern der Macht der Elemente. Darüber hinaus ist das regelmäßige Eintauchen in die Wildnis und das Genießen schöner Landschaften fester Bestandteil der skandinavischen Kultur. Nicht leicht auszusprechen, aber durchaus zugänglich für Jung und Alt, ist »Friluftsliv«. Das Wort bedeutet, ein paar Stunden im Wald spazieren zu gehen, an einem See zu angeln oder auf einer Wiese zu träumen. Im weiteren Sinne fasst dieses Konzept alle saisonalen Outdooraktivitäten zusammen: Radfahren oder Segeln im Sommer, Skifahren oder Schlittschuhlaufen im Winter. Eine Geisteshaltung, die den Skandinaviern eigen ist und den Kindern von klein auf beigebracht wird: Wie wichtig es ist, die Schönheit ihrer Umwelt zu bewahren.

Woher kommt die Idee?

Die Geschichte besagt, dass es der Dramatiker und Dichter Henrik Ibsen war, der, fasziniert von der Schönheit der norwegischen Flora, 1859 in einem seiner Gedichte mit dem Titel »Auf den Höhen« erstmals den Begriff »Friluftsliv« einführte. Der Text erzählt die religiöse Verbindung eines Mannes, der in der Wildnis ein intensives Gefühl von Freiheit erlebt. Der Mensch wird eins mit dem Wind, dem Moor, dem Berg und dem Fluss, nicht ohne vorher einige körperliche Anstrengungen unternommen zu haben. Das Konzept beschreibt den Wert des Aufenthalts an abgelegenen Orten für das geistige und körperliche Wohlbefinden.

Friluftsliv ist keine neue Philosophie, im Gegenteil. Sie bringt dich auf den Weg zu einer uralten Lebensweise. So erlauben wir der biologischen Einheit, die wir mit der Natur sind, sich wieder zu verbinden. In der Tat haben sich unsere Vorfahren instinktiv in ihrer Umwelt entwickelt. Wir sind biologisch darauf programmiert, in der Wildnis zu überleben. Aber unser heutiges urbanisiertes Leben schneidet uns von dieser angeborenen Fähigkeit und diesem lebenswichtigen Bedürfnis ab. Die Natur zu genießen, dem städtischen Leben zu entfliehen und die eigene Spiritualität zu bereichern, sind wesentliche Bestandteile von Friluftsliv.

Friluftsliv ist eine Philosophie des Lebens und der persönlichen Entwicklung. Es ist ein Prozess, in dem sich allmählich das Selbstwertgefühl, die sozialen Beziehungen und die Überlebensfähigkeiten verbessern und man gleichzeitig einen größeren Respekt gegenüber der Natur entwickelt, eine wahre Liebe, die keine Theorie an uns weitergeben kann.

Das Konzept in anderen Ländern Europas

In einer Welt, in der alles immer schneller geht und in der wir ständig Benachrichtigungen auf unseren Smartphones erhalten, ist es nicht einfach, abzuschalten. Was, wenn das Gegenmittel zur Überarbeitung einfach »Friluftsliv« wäre, eine Art, den Menschen wieder mit seinen Wurzeln zu verbinden, mit dem Wesentlichen: der Liebe zur Natur. Es ist wissenschaftlich weitgehend bewiesen, dass der Aufenthalt in der freien Natur sowohl physisch als auch psychisch sehr vorteilhaft für uns Menschen ist. Die Philosophie und die Biologie des »Friluftsliv« werden in der Umwelterziehung als praktischer Weg studiert, um den Menschen zu helfen, sich wieder miteinander und mit der Welt zu verbinden. In dieser Hinsicht wird das Konzept von vielen Unternehmen ernsthaft in Betracht gezogen, um das Miteinander, die Leistung und das Wohlbefinden der Angestellten zu verbessern. In Schweden zum Beispiel gibt es sogar Steuererleichterungen für Unternehmen, die diese Praxis fördern. Finnische Unternehmen wiederum zahlen ihren Mitarbeitern, die mit dem Rad zur Arbeit fahren, Zuschüsse.

Eine Idee, die sich auch in anderen Ländern Europas zu etablieren beginnt! Heute entwickelt sich das »Friluftsliv« mit der Nutzung digitaler und anderer neuer Technologien weiter. Wir können sogar sagen, dass es jetzt einfacher ist, mit den richtigen Werkzeugen zu planen, auf Entdeckungsreise zu gehen und sich auf neue Abenteuer einzulassen.

Wald- oder Stranderlebnis: Deine Friluftslivpraxis

Konkret gilt in den skandinavischen Ländern das, was man ein Recht auf Zugang zur Natur nennen könnte, genauer gesagt das Recht eines jeden, die Natur und ihre Früchte zu genießen – ohne sie zu zerstören oder zu stören –, unabhängig von den Eigentumsrechten, die damit verbunden sein können, und ohne die vorherige Zustimmung des Eigentümers. In Norwegen ist das Campen in der Wildnis unter Berücksichtigung dieses Prinzips also völlig legal.

In der Tat dreht sich im Friluftsliv alles um den Aufenthalt in der Natur.

Die Idee ist, sich wieder mit dieser intrinsischen Beziehung zu verbinden, die wir mit der Erde, unserer nährenden Mutter, teilen. Einfach nur im Sand am Wasser zu liegen, ist eine Möglichkeit, Friluftsliv zu praktizieren, ebenso wie im Wald zu wandern und die Sterne zu beobachten. Solange du in Kontakt mit der Natur bist, bist du auf dem richtigen Weg. Es besteht absolut keine Notwendigkeit für anspruchsvolle Sportgeräte.

Friluftsliv für Kinder

Regelmäßiger Kontakt mit der Natur kann die geistige und körperliche Gesundheit verbessern, besonders bei Kindern. Es reduziert die Unruhe im Zusammenhang mit ADHS (Aufmerksamkeitsdefizit-Hyperaktivitätsstörung), erhöht die Kreativität, verbessert das kritische Denken, verbessert das allgemeine Verhalten und sogar die schulischen Leistungen. Diese Vorteile können die dem Menschen innewohnende Biophilie erklären, die Verbindungen, die der Mensch unbewusst mit allem Lebendigen sucht. In den skandinavischen Ländern wird Friluftsliv den Kindern von klein auf in der Schule beigebracht und gilt als körperliche Aktivität, die eine Abwechslung und Sozialisation ermöglicht. Kinder, die mit viel Zeit in der Natur aufwachsen, wollen diese eher schützen und geben diese Werte wiederum an ihre Umgebung weiter. In den skandinavischen Ländern findet diese Ausbildung oft in der Schule statt. Aber auch bei uns kann das funktionieren: Nichts hindert uns daran, es unseren eigenen Kindern selbst beizubringen.

Gut für die Seele

Friluftsliv und Hygge sind der perfekte Ausgleich zu unserem hektischen, ultravernetzten Lebensstil. Sie erlauben uns, unsere ständig geforderte Aufmerksamkeit ruhen zu lassen. Glücklichsein kannst du lernen. Fange also an, es dir zu Hause richtig gemütlich zu machen und gleichzeitig auch mehr Zeit im Freien zu verbringen. In der Tat erhöht ein zurückgezogenes Leben in vier Wänden unsere Anfälligkeit für Stress, Angst und Depressionen, während die regelmäßige Kontemplation von Bäumen, Grün und Wasser den Geist beruhigt und die Kreativität anregt. Die positiven Auswirkungen auf deinen Seelenfrieden liegen auf der Hand.

Stell dir einfach einmal vor – jetzt, ja, genau jetzt –, welche seelischen Wohlfühlaktionen sofort für dich machbar sein könnten. Vereinbare auch gleich mit dir selbst, was du ganz sicher umsetzen wirst. Dann gib dir das Versprechen, es auch zu tun und dich nicht schnell vom hektischen Alltag überrollen zu lassen. Erinnere dich gleich morgen früh an diese Entscheidung und frag dich, was du noch hinzufügen könntest für mehr Lebensqualität.

Das Zurückziehen der Sinne

»Das Auge sagte eines Tages: ›Ich sehe hinter diesen Tälern im blauen Dunst einen Berg. Ist er nicht wunderschön?‹ Das Ohr lauschte und sagte nach einer Weile: ›Wo ist der Berg? Ich höre keinen!‹ Darauf sagte die Hand: ›Ich versuche vergeblich, ihn zu greifen. Ich finde keinen Berg!‹ Die Nase sagte: ›Ich rieche nichts. Da ist kein Berg!‹ Da wandte sich das Auge in eine andere Richtung. Die anderen diskutierten weiter über diese merkwürdige Täuschung und kamen zu dem Schluss: ›Mit dem Auge stimmt etwas nicht!‹«

KHALIL GIBRAN

Wir Menschen verfügen über die Fähigkeit, die Reizimpulse, die wir über unsere fünf körperlichen Sinne empfangen, intensiv wahrzunehmen. Hochsensible Menschen haben sogar eine noch intensivere Empfänglichkeit für äußere und innere Reize. Manchmal ist diese Wahrnehmung aber auch einfach zu viel und es kommt zur unangenehmen, Stress erzeugenden Reizüberflutung. Eine wirkungsvolle Methode, um diese Reizüberflutung zu vermeiden, ist eine Übung, die aus dem Yoga stammt, Pratyahara. Ich stelle dir diese Übung vor, weil sie absolut alltagstauglich ist und wirklich ganzheitlich auf Körper, Seele und Geist wirkt. Mit regelmäßiger Übung von Pratyahara wird deine Lebensfreude einen gewaltigen Aufwind bekommen. Also wie geht das?

Wir alle haben fünf körperliche Sinne: Riechen, Sehen, Hören, Schmecken und Fühlen. Unsere Sinne arbeiten immer, manchmal aber auch zu viel. Dann bräuchten wir eigentlich einen »Ausschalter«, angesichts dessen, was auf uns einprasselt.

Wir möchten einfach mal unsere Ruhe haben, uns nur auf unser Inneres konzentrieren und quasi die äußere Welt ausschalten.

Kennst du zum Beispiel Momente, in denen du nichts berührst? Irgendwie hast du immer zu irgendetwas Kontakt, mit deinen Füßen, mit deinen Händen, mit deinem Po oder auch mit deinem Rücken. Oder du spürst deine Kleidung besonders deutlich auf der Haut.

Oder stell dir vor, es riecht sehr unangenehm. Ein penetranter Geruch liegt in der Luft. Du kannst die Nase zuhalten und dann einfach durch den Mund atmen. Aber trotzdem spürst du diesen unangenehmen Geruch. Er geht nicht weg.

Gleiches gilt für die Alltagsgeräusche. Egal ob es Sirenen sind, Stimmen oder einfach nur der Alltag, der seine ganz eigenen Geräusche mit sich bringt. Du kannst Ohrstöpsel tragen. Aber irgendwie hörst du doch immer etwas. Und wenn es durch die Stöpsel nur dein eigener Puls ist, der dir in den Ohren dröhnt.

Was also tun, wenn es dir nicht so richtig gelingen will, deine Sinne vorübergehend auszuschalten und dich von deinen Sinneswahrnehmungen zurückzuziehen? Wie kannst du dich wirklich einmal loslösen von deinen alltäglichen Sinnen? Pratyahara kann dir dabei helfen.

Pratyahara genau erklärt

Pratyahara ist der fünfte Schritt auf dem bekannten achtgliedrigen Yogapfad. Es ist der sogenannte Rückzug der Sinne. Manchmal wird er auch der vergessene Pfad des Yoga genannt und nur wenige Yogalehrer können Pratyahara wirklich gut erklären.

Der Begriff Pratyahara besteht aus zwei Sanskritwörtern, nämlich prati und ahara. Ahara steht für »Nahrung« oder »etwas, was wir uns von außen zuführen«. Prati ist eine Präposition, die

»gegen« oder »weg« heißt. Pratyahara bedeutet also wörtlich »Beherrschung des Ahara« oder »Meisterung äußerer Einflüsse«. Man kann es mit einer Schildkröte vergleichen, die ihre Beine einzieht. Der Schild ist der Geist, die Sinne sind die Gliedmaßen. Das Wort wird meist mit »Rückzug der Sinne« übersetzt, aber das ist nicht alles.

Die Sinne zurückzunehmen und sich auf das Innere zu konzentrieren, klingt erst mal wunderbar. Denn wenn du in der Lage bist, deine Sinne nicht wie sonst mit den Objekten, die dich umgeben, zu verbinden, hast du deine innere Ruhe gefunden. Wenn es dir gelingt, deinen Geist so frei zu halten, dass du alles um dich herum nicht wahrnimmst, bist du völlig losgelöst von allen Sinnen.

Impuls: Widmest du dich der Kränkung oder der Heilung?

◇ **In der westlichen Philosophie** wird davon ausgegangen, dass Objekte zu uns kommen, wir also die Empfänger sind. Das hält uns in einer Art Opferrolle, da wir scheinbar nicht wählen können, ob etwas zu uns kommt oder nicht. Dabei haben wir uns einem Problem doch zugewandt!

◇ **In der östlichen Philosophie** gehen wir mit unserer Aufmerksamkeit zu den Objekten hin. Das ist ein wesentlicher Unterschied, denn so sind wir selbst verantwortlich, wohin wir den Fokus lenken. Gerade für seelenverletzte Menschen kann das entscheidend für die Heilung sein. Welche Philosophie wählst du?

Damit du Freiheit von deinen Sinnen erreichen kannst, musst du üben und viel Disziplin mitbringen. Denn es ist nicht so einfach, sich von allem loszulösen und sich ausschließlich auf sich selbst zu konzentrieren.

Pratyahara knipst deine Sinne nicht aus

Wendest du Pratyahara an, dann ist es nicht so, dass du deine Sinne auf Knopfdruck ausschalten kannst. Das wäre supereinfach und würde vielen hochsensiblen Menschen helfen. Aber du solltest viel praktizieren und üben, bis es leicht und schnell gelingt.

Pratyahara bedeutet, dass deine Sinne beruhigt werden. Du fährst herunter. Und du konzentrierst dich auf dein Inneres. Dein Geist ist dafür nicht mehr in permanenter Alarmbereitschaft. Dein Gehirn konzentriert sich nicht mehr auf all die Dinge, die dich umgeben. Das macht es sonst automatisch. Und das ist auch wichtig. Denn stell dir vor, du schaltest dein Gehör aus und nimmst am Straßenverkehr teil. Das funktioniert nicht. Du hättest womöglich in Windeseile einen Unfall.

Deshalb ist es wichtig, dass dein Geist und auch dein Gehirn immer aktiv sind. Mit Pratyahara versuchst du aber, genau diese Aktivität herunterzuschrauben. Du konzentrierst dich auf dich und auf dein Inneres. Pratyahara hilft dir dabei, Ordnung in dir zu schaffen. Deine Sinne gehen dabei nicht verloren und werden auch nicht komplett ausgeschaltet. Aber sie treten für diesen Moment in den Hintergrund. So erreichst du eine ganz besondere Ruhe, die dich erfrischt, die sehr kraftvoll ist und die dich auch belebt.

Pratyahara wird im Yoga eingesetzt, um durch den »Rückzug der Sinne« den Einstieg in die Meditation zu unterstützen.

Abhilfe bei Reizüberflutung

Für viele Menschen bietet Pratyahara einen enormen Nutzen, denn es kann als effektive Methode gegen Reizüberflutung eingesetzt werden. Nicht immer können wir uns intensiven Reizen entziehen und oft leiden wir darunter. Pratyahara bietet Abhilfe und hat eine beruhigende Wirkung auf alle unerwünschten Reize.

Doch genauso wie Meditation zuerst auf dem Sitzkissen geübt wird, bevor sie uns im Alltagsgeschehen gelassen bleiben lässt, ist es wichtig, auch Pratyahara zuerst in einem »wohltuenden« Umfeld zu üben, bevor du es im »Ernstfall« anwenden kannst.

Und so geht's

- ◇ Nimm dir 20 Minuten Zeit und sorge für einen möglichst störungsfreien Raum.
- ◇ Setze oder lege dich bequem hin, lass die Augen noch geöffnet.
- ◇ Atme ein paar Mal bewusst ein und aus.
- ◇ Bringe dann deine Aufmerksamkeit zu dem, was du gerade sehen kannst.
- ◇ Bewege dabei nicht den Kopf, nimm einfach nur wahr, was gerade in deinem Blickfeld geschieht.
- ◇ Mache das ungefähr eine gefühlte Minute lang.
- ◇ Schließe dann die Augen und lausche.
- ◇ Was gibt es gerade an Geräuschen zu hören?
- ◇ Verweile auch hier ungefähr eine Minute.
- ◇ Fahre so fort mit den anderen Sinnen.
- ◇ Welche Gerüche gibt es gerade wahrzunehmen?
- ◇ Welcher Geschmack ist vorhanden?
- ◇ Welche Berührung findet gerade über den Tastsinn statt?

Wenn du mit allen Sinnen durch bist und sie intensiv beachtet hast, beginnt das eigentliche Pratyahara:

Kehre die Richtung deiner Aufmerksamkeit um, indem du dir dieselben Fragen wie vorhin nun anders stellst:

- ◇ Nicht »Was sehe ich gerade?«, sondern »Wer sieht gerade?«.
- ◇ Nicht »Was höre ich gerade?«, sondern »Wer hört gerade?«.
- ◇ Nicht »Was rieche ich gerade?«, sondern »Wer riecht gerade?«.
- ◇ Nicht »Was schmecke ich gerade?«, sondern »Wer schmeckt gerade?«.
- ◇ Nicht »Was spüre ich gerade?«, sondern »Wer spürt gerade?«.

Mit dieser Art des Fragens ziehst du die Aufmerksamkeit von den Objekten ab und wendest dich der Quelle des Wahrnehmens zu. Dadurch verschiebt sich dein Fokus und die sinnlichen Phänomene verlieren an Bedeutung. Du wirst entspannter und ruhst in deiner Mitte.

Die Art der Fragestellung mag erst mal eigenartig klingen, daher ist es wichtig, dass du die Wirkung selbst erfährst. Wenn du Pratyahara regelmäßig praktizierst, wirst du es bald auch im Trubel des Alltags anwenden können, ohne dass es äußerlich erkennbar ist. Zwar werden Kränkungen, Seelenwunden, Mikroverletzungen weiter geschehen, aber sie machen dir nicht mehr so viel aus.

Ausblick

Wer heilen will, muss sich einlassen.
Nicht senden, sondern empfangen.
Verbinden mit der Energie.
NACH DR. ERIC PEARL

Am Ende schenke ich dir meine allerliebste und effektivste Coachingfrage und ich wünsche mir sehr, dass du sie zutiefst verinnerlichen kannst:

»Hättest du das Problem jetzt auch, wenn du jetzt nicht darüber nachdenken würdest?«

Ziel dieser Frage ist die Relevanz von Grübeleien und die Entmachtung von früher erlebten, also vergangenen Kränkungen, Seelenwunden und Mikroverletzungen. Wenn du nicht daran denkst, was dich einmal verletzt hat: Wie wirksam ist das früher Verletzende JETZT, in diesem Augenblick noch?

Lebe in der Gegenwart und widme dich deiner Lebensfreude.

So wird sie JETZT gleich mehr werden.

In diesem Moment.

So können Seelenwunden heilen. Mikroverletzungen können ihre Schmerzhaftigkeit verlieren. Wenn wir alle lernen, uns der Lebensfreude zuzuwenden und für uns zu sorgen, wird diese Welt eine bessere sein. Ganz nach dem alten buddhistischen Merksatz: »Der Meister kümmert sich immer zuerst um sich selbst, denn nur dann kann er für seine Schüler da sein.« Meisterliche, erfolgreiche, weise Menschen tun genau das. Sie warten nicht darauf, dass sich jemand um sie kümmert, sie verteidigt, beschützt oder umsorgt. Meister sorgen für sich und legen so die Grundlage für ein Leben in Freiheit.

Darin liegt auch deine gesunde, glückliche und lebendige Zukunft: in der Selbstfürsorge. Wenn du lernst, gut für dich zu sorgen, dich gut abzugrenzen, zu verzeihen und dankbar zu sein, kannst du die Fülle deines Lebens auch genießen.

Wenn es uns gelingt, gemeinsam eine Kultur zu schaffen, die Möglichkeiten zum Innehalten schenkt, werden die wunderschönen Seelen vieler Menschen erblühen und wir alle haben eine bessere und harmonischere Zukunft.

Je mehr Menschen sich bewusst auf den Weg der Selbstheilung machen und nicht länger leiden, umso mehr Menschen werden sich, ganz nach dem Resonanzprinzip, ebenfalls in diese Richtung entwickeln. Dein Sein wird anderen Menschen die Erlaubnis geben, sich ebenfalls auf den Weg zu machen. Deine Heilung wird die Heilung vieler Menschen anstoßen. Deine Befreiung wird andere Menschen einladen, es dir gleichzutun.

LOVE,
Anne
La Palma, im Winter 2020

Widmung

Dieses Buch widme ich all den Menschen,
die mich dazu gebracht haben,
stärker zu werden und weniger leicht verwundbar.
Sie haben eine Menge dazu beigetragen,
dass ich Wege der Heilung gefunden habe,
die ich heute an viele Menschen weitergeben darf.
Danke für eure wirksamen Lehren.

Anhang

Zum Weiterlesen

Bücher der Autorin

Außergewöhnlich normal. Hochbegabt, hochsensitiv, hochsensibel. Wie Sie Ihr Potenzial erkennen und entfalten, Ariston Verlag

Seelenpartner. Liebe ohne Limit, Integral Verlag

Ich spüre was, was du nicht spürst. Wie Hochsensible ihre Kraftquellen entdecken, GRÄFE UND UNZER VERLAG

Kopf aus, Bauch an? Die Balance zwischen Verstand und Intuition finden, GRÄFE UND UNZER VERLAG

Auf die leise Weise. Wie Introvertierte ihre Stärken erkennen und nutzen, GRÄFE UND UNZER VERLAG

Auf viele Arten anders. Die vielbegabte Scanner-Persönlichkeit, Ariston Verlag

Erotische Intelligenz. Hochsensibel lieben und sinnlich leben, Integral Verlag

mit Ananda Hummer: *Die Gabe der Empathen. Wie du dein Mitgefühl steuerst und dich und andere stärkst,* mvg Verlag

Hochsensibel im Beruf. Wie du dank deiner Empfindsamkeit erfolgreich wirst, mvg Verlag

Urvertrauen. Wie du Heimat findest in dir selbst, GRÄFE UND UNZER VERLAG

Bücher anderer Autorinnen und Autoren

Brown, Brené: *Verletzlichkeit macht stark. Wie wir unsere Schutzmechanismen aufgeben und innerlich reich werden,* Goldmann Verlag

Byron Katie: *Lieben was ist. Wie vier Fragen Ihr Leben verändern können,* Arkana Verlag

Croos-Müller, Claudia; Pannen, Kai: *Alles Liebe. Das kleine Überlebensbuch. Soforthilfe bei Kummer, Kränkungen und weiteren Unfreundlichkeiten,* Kösel Verlag

Dahlke, Ruediger: *Lebenskrisen als Entwicklungschancen,* Bertelsmann Verlag

Furman, Ben: *Es ist nie zu spät, eine glückliche Kindheit zu haben,* Verlag modernes lernen

Heller, Jutta; Pannen, Kai: *Das wirft mich nicht um. Mit Resilienz stark durchs Leben gehen*, Kösel Verlag

Huber, Michaela: *Der innere Garten. Ein achtsamer Weg zur persönlichen Veränderung*, Junfermann Verlag

Jiang, Jia: *Wie ich meine Angst vor Zurückweisung überwand und unbesiegbar wurde. Ein Selbstversuch in 100 Schritten*, dtv

Kast, Verena: *Was wirklich zählt, ist das gelebte Leben. Die Kraft des Lebensrückblicks*, Herder Verlag

Reddemann, Luise; Wetzel, Sylvia: *Mögen alle Wesen glücklich sein. Mitgefühl und Gerechtigkeit neu entdecken*, Patmos Verlag

Reddemann, Luise: *Imagination als heilsame Kraft. Ressourcen und Mitgefühl in der Behandlung von Traumafolgen*, Klett-Cotta Verlag

Satir, Virginia: *Meine vielen Gesichter. Wer bin ich wirklich?* München, Kösel Verlag

Stavemann, Harlich H.: *… und ständig tickt die Selbstwertbombe. Selbstwertprobleme erkennen und lösen*, Beltz Verlag

Tipping, Colin C.: *Ich vergebe. Der radikale Abschied vom Opferdasein*, Kamphausen Verlag

Wardetzki, Bärbel: *Ohrfeige für die Seele. Wie wir mit Kränkung und Zurückweisung besser umgehen können*, dtv

Wardetzki, Bärbel: *Nimm's bitte nicht persönlich. Der gelassene Umgang mit Kränkungen*, Kösel Verlag

Aus dem GRÄFE UND UNZER VERLAG

Amend, Lars: *Why not? Inspirationen für ein Leben ohne Wenn und Aber*

Haimerl, Christian: *Frei von Angst und Panikattacken in zwei Schritten* (Buch mit CD)

Haller, Reinhard: *Das Wunder der Wertschätzung*

Hammer, Matthias: *Der Feind in meinem Kopf*

Hammer, Matthias: *Liebe das Kind in dir*

Hühn, Susanne: *Jede Wunde lässt sich heilen*

Mahlodji, Ali: *Entdecke dein Wofür!*

Middendorf, Katharina; Sturm, Ralf: *Happy-End im Kopfkino*

Senftleben, Ralf: *Entdecke deine Willenskraft*

Senftleben, Ralf: *Die Kunst, in schwierigen Zeiten nicht durchzudrehen. Geniale Strategien für mehr Stärke und Gelassenheit im Alltag*

Sperlich, Franz J.: *Wenn du kein Problem hast, mach dir eins!*

Tempel, Katharina: *Gib dir die Liebe, die du verdienst*

Register

Impulse

MEHR ENERGIE, MEHR WOHLBEFINDEN!

ISBN 978-3-8338-7322-5

ISBN 978-3-8338-4132-3

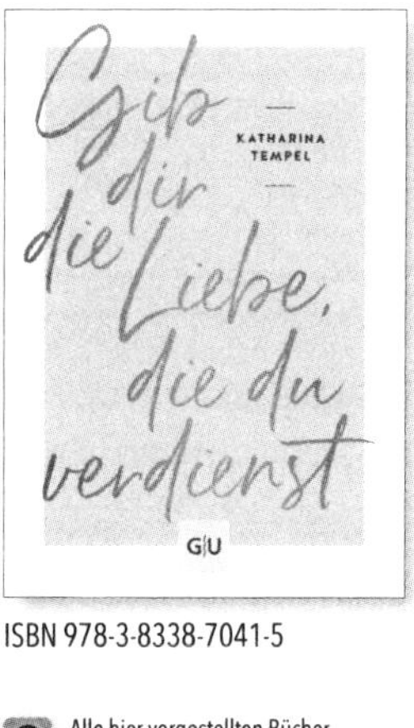

ISBN 978-3-8338-7041-5

ISBN 978-3-8338-6744-6

e Alle hier vorgestellten Bücher sind auch als eBook erhältlich.

G|U

Mehr von GU auf **www.gu.de** und **facebook.com/gu.verlag**

IMPRESSUM

GU ist eine eingetragene Marke der GRÄFE UND UNZER VERLAG GmbH, www.gu.de

ISBN 978-3-8338-7970-8

1. Auflage 2021

Projektleitung: Reinhard Brendli
Lektorat: Daniela Weise
Umschlaggestaltung: ki36, München
Innenlayout: independent Medien Design, Horst Moser, München
Herstellung: Markus Plötz
Satz: Uhl + Massopust, Aalen
Repro: Ludwig Media, Zell am See
Druck und Bindung: Livonia, Riga

Bildnachweis

Cover: Getty; Autorenfoto: privat

Syndication:
www.seasons.agency

QUALITÄTS GARANTIE

LIEBE LESERINNEN UND LESER,

wir wollen Ihnen mit diesem Buch Informationen und Anregungen geben, um Ihnen das Leben zu erleichtern oder Sie zu inspirieren, Neues auszuprobieren. Wir achten bei der Erstellung unserer Bücher auf Aktualität und stellen höchste Ansprüche an Inhalt und Gestaltung. Alle Anleitungen und Rezepte werden von unseren Autoren, jeweils Experten auf ihren Gebieten, gewissenhaft erstellt und von unseren Redakteur*innen mit größter Sorgfalt ausgewählt und geprüft.

Haben wir Ihre Erwartungen erfüllt? Sind Sie mit diesem Buch und seinen Inhalten zufrieden? Wir freuen uns auf Ihre Rückmeldung. Und wir freuen uns, wenn Sie diesen Titel weiterempfehlen, in Ihrem Freundeskreis oder bei Ihrem Online-Kauf.

Sollten wir Ihre Erwartungen so gar nicht erfüllt haben, tauschen wir Ihnen Ihr Buch jederzeit gegen ein gleichwertiges zum gleichen oder ähnlichen Thema um.

KONTAKT ZUM LESERSERVICE

GRÄFE UND UNZER VERLAG
Grillparzerstraße 12
81675 München
www.gu.de

Umwelthinweis

Dieses Buch ist auf PEFC-zertifiziertem Papier gedruckt. PEFC garantiert, dass Holz- und Papierprodukte aus nachhaltig bewirtschafteten Wäldern stammen.

GRÄFE UND UNZER

Ein Unternehmen der
GANSKE VERLAGSGRUPPE

www.facebook.com/gu.verlag